ROUMIGNOT BRIGAND DE BOHÊME

Cet ouvrage est paru
sous le titre original :
Rumcajs
de Václav Čtvrtek

COUVERTURE DE DANIEL MAJA

VÁCLAV ČTVRTEK

ROUMIGNOT BRIGAND DE BOHÊME

Traduit du tchèque
par Laurence Dubois

ÉDITIONS MESSIDOR/LA FARANDOLE
146, rue du Faubourg-Poissonnière, 75010 Paris

Cette histoire se passe dans le pays qui s'appelle aujourd'hui la Tchécoslovaquie et qui est situé au cœur de l'Europe. En ce temps-là, c'est-à-dire au milieu du siècle dernier, les Autrichiens étaient maîtres de la Bohême qui est une des provinces de la Tchécoslovaquie. L'empereur, qui avait le titre de roi de Bohême, siégeait à Vienne et il avait des représentants dans toutes les provinces de son royaume, comme le prince et la princesse Marjolaine.

Les Tchèques qui habitaient la Bohême étaient obligés d'obéir aux Autrichiens. Ils n'avaient pas le droit de parler leur langue : le tchèque. Ils devaient apprendre et parler l'allemand.

QUELQUES PERSONNAGES

Roumignot, le cordonnier-brigand.
Manka, la femme de Roumignot.
Le prince et la princesse Marjolaine.
Clovis, le forgeron.
Pinsker, le chasseur.
Pataugas, le maire de Yitchine.
Garodouille, le coiffeur.
Frisek, le valet du prince.
Petitsyeux, l'instituteur-allumeur de réverbères.
Arnak, le marchand de tissus.
Fichtoula, le chevalier.
Fridolin, l'ondin.
Holdegron, le poisson-chat.
Grossou, l'armurier.
Knotek, le conducteur de train.
Bontemps, l'horloger.
... Et les autres.

Comment Roumignot le cordonnier devint brigand

A Yitchine, dans sa petite boutique au pied de la tour, Roumignot, le cordonnier ressemelait les souliers depuis neuf ans. Il connaissait parfaitement son métier et ce qu'il fabriquait plaisait aux gens.

Roumignot, le cordonnier, avait l'habitude de répéter : « Un bon soulier, c'est une véritable œuvre d'art. Si le soulier est trop juste, le petit doigt de pied s'y sentira malheureux ; mais s'il est trop large, il sera perdu. »

Il ressemelait les escarpins des demoiselles sur une enclumette avec un petit marteau. Pour les dames et les messieurs, il se servait d'une enclume plus grande et d'un marteau plus lourd. Mais pour ressemeler les souliers du maire de Yitchine, Pataugas, Roumignot allait toujours directement à la forge.

« Prête-moi ton enclume et ton gros marteau », demandait-il à Clovis, le forgeron.

Puis il posait le soulier du maire sur la grosse enclume et frappait avec le gros marteau. Car Pataugas avait des pieds d'éléphant. Il en était très fier, il les appelait ses très chers pieds de maire.

La renommée de ses pieds s'étendait jusqu'à Mlada Boleslav ; et c'est grâce à eux que Pataugas était maire depuis huit ans. Il venait d'entamer sa neuvième année quand il envoya chercher le cordonnier.

« Que Roumignot vienne, j'ai besoin de nouveaux souliers. »

Roumignot fourra son mètre en papier dans la poche de son tablier vert, jeta par-dessus son épaule un morceau de cuir rouge et se rendit à l'hôtel de ville.

Ce n'était jamais drôle de travailler pour le maire.

Pataugas était dans la salle des séances, assis dans un fauteuil. Il avait posé son pied déchaussé sur un oreiller tenu par quatre valets. Le chef des valets s'appelait Fichtoula. Douze échevins entouraient et admiraient le pied du maire.

— Ça c'est un pied, hein ? fit Pataugas à Roumignot qui venait juste d'entrer et avec contentement il remua son gros orteil. Le cordonnier ne prononça aucun compliment mais, comme il ne voulait pas mentir il dit :

— C'est un pied de belle taille, mais j'en ai vu de plus grand.

Le maire, de rage, rétracta son orteil.

Les douze échevins s'en allèrent discrètement car ils savaient que cela allait mal tourner. Les quatre valets et le chevalier Fichtoula fermèrent les yeux et se bouchèrent les oreilles pour ne rien voir et ne rien entendre.

— Un jour, à Hradec, j'ai vu un pied plus grand, poursuivit Roumignot.

Il posa le morceau de cuir rouge sur la table et prépara son mètre.

— Ça oui, c'était un pied ! Bon, avant que vous n'ayez fait ouf, je vous aurai fabriqué un soulier pour ce pied.

Le maire Pataugas devint d'abord aussi rouge que le morceau de cuir puis aussi blanc que le mètre en papier de Roumignot. L'instant d'après, il changea encore de couleur.

— Qu'est-ce qui vous prend, monsieur le maire ? demanda Roumignot.

Pataugas repoussa Roumignot jusqu'à la porte.

Celui-ci s'arrêta sur le seuil :

— Pourquoi me bousculez-vous ?

— Pour outrage au pied du maire, répondit dignement Pataugas comme s'il énonçait un décret municipal.

Devant l'hôtel de ville, Roumignot ramassa ce qui lui restait de cuir. Il se dit qu'au moins il y en avait assez pour faire un chausson d'enfant. Mais, au fond de lui, il en garda dépit et colère.

Quand il arriva à sa boutique, au pied de la tour, les portes étaient fermées et cadenassées semblait-il pour toujours.

De chaque côté de la porte un valet du chevalier Fichtoula montait la garde.

— Qu'est-ce que vous faites là ? Je peux veiller sur moi tout seul.

Les valets montrèrent la porte du doigt. Il y avait un écriteau :

FERMÉ A PERPÉTUITÉ POUR OUTRAGE AU PIED DU MAIRE

Roumignot sentit un goût amer dans sa bouche.

— Je suis un humble cordonnier, dit-il aux valets du chevalier, mais je ne me laisserai pas marcher sur les pieds comme ça.

Les valets firent un pas en avant et pointèrent leurs fusils sur lui.

— Et pourquoi pas un canon ? s'exclama Roumignot, mais si ça continue, ça va bien finir par arriver.

Les valets n'attendirent pas davantage ; gauche, droite, baïonnettes à l'épaule, et l'encadrant, ils firent avancer le cordonnier. Traversant la ville et les champs ils le conduisirent jusqu'aux premiers arbres de la forêt de Raholec. Là, ils lui dirent :

— Va donc voir dans la forêt et ne remets plus jamais les pieds à Yitchine.

— Par ordre de qui ?

— Par ordre du maire.

Roumignot pénétra dans la forêt. Mais, peu après, on entendit crier :

— Si le maire croit que je vais supporter tout sans réagir, ça non. On verra qui aura le dernier mot.

Tout ceci arriva à la fin de l'hiver. Le printemps était déjà là quand Pataugas se souvint qu'on racontait qu'il y avait dans la forêt des levrauts de l'année.

Il prit un carnet et un crayon, enfila des bottes de chasse particulièrement solides et s'en alla. Partout il n'y avait que considération pour ses pieds de maire. Dans la ville, les villageois saluaient, dans les champs les pierres s'écartaient toutes seules du chemin en roulant. Les jeunes lièvres sortirent du couvert des arbrisseaux, et obéissants, annoncèrent leur ordre de naissance :

— Premier

— Deuxième

— Troisième.

Le maire écrivit sur son carnet. Il alla ainsi jusqu'à la forêt de Raholec et y pénétra. Les arbres s'inclinèrent devant lui et les bolets ôtèrent leurs chapeaux.

Quand le maire fut fatigué de courir, il fit le compte des levrauts et reposa ses membres las sous un petit chêne. Il s'assoupit et, heureux, adressa encore un sourire à ses pieds renommés. Il commençait à rêver et c'était agréable, quand quelqu'un rugit à son oreille gauche :

« Maintenant à nous deux ! »

Pataugas brusquement tiré de son sommeil chercha ce que cela pouvait être. Personne ! Pas un brin d'herbe ne bougeait.

Soudain résonna à son oreille droite :

« Maintenant à nous deux ! »

Cela venait en même temps de devant, de derrière, du petit chêne et de l'épicéa.

« A présent nous allons régler nos comptes, monsieur le maire. »

Pataugas tourna la tête comme une girouette. Personne ! Ainsi il avait dû finir par s'assoupir !

Dans les taillis, les branchages s'écartèrent et Roumignot surgit tout à coup devant lui. Un cordonnier, ça ! Allons donc ! Roumignot avait une barbe épaisse et couverte de brindilles où nichait un essaim d'abeilles. Son chapeau était fabriqué dans une écorce de sapin. Sa veste était faite de petits morceaux de cuir cousus ensemble. Son pantalon était en haillons. Sa ceinture était trop large et il y avait passé un pistolet en forme de cornet à pistons. Il n'y avait guère que de ses bottes dont il pouvait s'enorgueillir.

Roumignot fit un pas en avant et s'arrêta devant les célèbres pieds du maire. Il les examina sans rien dire, puis, avec la délicatesse d'un cordonnier et la rapidité d'un voleur, il ôta les bottes du maire.

De nouveau il regarda en silence les pieds majestueux chaussés seulement de chaussettes à rayures. Alors il pinça l'orteil de Pataugas. Le maire qui croyait rêver prit peur tout à coup.

— Canaille ! Voleur !

— C'est de votre faute, M. le Maire, répondit Roumignot et, gentiment, il lui montra le chemin pour sortir de la forêt.

— C'est par là que l'on va à Yitchine, M. le Maire.

Il y eut un bruit de branchages et ce fut comme si Roumignot n'était jamais venu.

« C'était un drôle de rêve, se dit Pataugas en ronchonnant. Il se souleva et voulut se mettre à genoux. Il n'en crut pas ses yeux : deux pieds énormes, à chaussettes rayées le contemplaient d'en bas.

— Très bien, Roumignot, demain tu auras affaire aux canons du prince.

— Taratata ! dit le brigand dans les broussailles et il lui adressa un pied de nez.

Pataugas fit un pas en direction de Yitchine et grimaça aussitôt. Un deuxième pas et il tomba à genoux. Car les célèbres pieds du maire n'étaient pas habitués à marcher en chaussettes rayées. Le maire butait sur les racines et sur les pierres comme si elles roulaient toutes seules sur le chemin. Les pieds du maire en chaussettes à rayures n'étaient plus aussi respectables et, même les pierres n'avaient plus d'égard pour eux.

Le maire boîtait et boîta jusqu'à la route de Yitchine. Les gens étaient stupéfaits.

« Le maire en chaussettes rayées ! »

Cependant sa souffrance allait empirer, car Pataugas traînait péniblement ses pieds déchaussés sur le chemin ; un magnifique cor s'épanouit sur son gros orteil. Plus le maire était triste, plus le cor faisait des clins d'œil aux dames qui se penchaient aux fenêtres.

Le maire franchit la porte fortifiée pour arriver à la place où les échevins l'attendaient. Le plus vieil échevin dit :

— Pataugas, suite à la perte de la majesté de tes pieds, tu n'es plus maire de Yitchine. Le prince était à sa fenêtre au moment où Pataugas traversa clopin-clopant la place. Il régnait sur Yitchine avec sa femme, Marjolaine, et les gens les détestaient tous les deux. Le prince était donc là-haut et Pataugas en bas. Alors le maire cria malgré sa fatigue :

— On a une curieuse façon de respecter le prince dans la forêt de Raholec !

— Koa ? fit, en prenant un ton pédant, le prince et il mit sa main en cornet à son oreille pour bien saisir les paroles de Pataugas.

— Roumignot s'y est installé, se plaignit Pataugas, et il montra son pied en chaussette — on devrait envoyer l'armée.

Mais ce que l'on disait au prince rentrait par une oreille et ressortait par l'autre.

Avant même qu'il eût fini de traverser la place en boitillant, le prince avait déjà tout oublié.

Tout en serait resté là, si le lendemain, la princesse n'avait eu envie de manger des bolets.

Comment Roumignot se tire des canons du prince

L'histoire que l'on vient de vous raconter se passait le mardi, et le mercredi, la princesse Marjolaine dit au prince :

— Mon cher, je voudrais manger des bolets.

Il y avait longtemps que le prince avait oublié la plainte de Pataugas. Il appela donc Pinsker, le chasseur et lui ordonna :

— Allons chercher des bolets dans la forêt de Raholec.

Quand ils arrivèrent, le prince se mit à courir d'un arbre à l'autre. Il pointait sa canne d'ébène :

— Là, Pinsker, et ici. Va voir encore là-bas.

Le chasseur devait se mettre à genoux et chercher à tâtons par terre si, sous une feuille, ne se cachait pas un bolet. Mais il n'y en avait nulle part, pas le moindre champignon.

— Mais où sont passés les coins à bolets ? s'exclama Pinsker le chasseur. C'est comme si quelqu'un nous chipait tous les champignons sous le nez !

— Tais-toi, Pinsker, tu ne regardes pas dans la mousse, dit le prince en colère et, avec sa canne d'ébène, il donna des coups sur les arbres. Va plus loin !

Le chasseur avait mal aux genoux et bientôt le prince aussi en eut assez d'être debout.

— Pinsker, essayons encore là-bas, sous le petit chêne.

Le chasseur complaisant s'approcha du chêne, tâta sous les branches et pfuit ! la mousse vola en l'air. Il y avait un nid et six œufs minuscules. Ne sachant que faire, le chasseur contemplait les œufs mais le prince lui, alla directement au nid, prit les œufs les uns après les autres, les fit rouler dans sa main, les examina avec son lorgnon et dit gaiement :

— Charmant, délicieux, oh ! là là !. Toujours avec son ton pédant.

— Comment ça, "oh ! là là", fit tout à coup une voix qu'il ne connaissait pas, pas question de "oh ! là là", ce n'est pas une expression digne d'un prince. On ne peut ramener de force le pinson dans son nid et ces six oisillons se refroidissent dans leurs coquilles.

Le prince rougissant se retourna comme une girouette.

Roumignot le brigand était derrière lui et, dans ses mains, il y avait plein de bolets. Le prince avait complètement oublié la plainte de Pataugas.

— Tu te préoccupes du pinson, mais ça ne te gêne pas de me voler mes bolets !

C'était surtout à cause des bolets que le prince était en colère et il s'échauffa tellement que son pantalon faillit prendre feu.

— Attrapez Roumignot et enfermez-le, cria-t-il.

Mais Roumignot se contenta de faire un pied de nez :

— Hé, regardez là-bas !

Et il disparut.

Le prince replaça en les faisant rouler sans douceur, les œufs dans le nid, et à la vue d'une feuille qui bougeait il se mit en colère et lança :

— Tu vas payer les pots cassés, Roumignot ! Je vais t'envoyer les soldats. Graine de brigand !

Ensuite il fit un signe de tête à Pinsker et prit la direction de Yitchine en vitesse pour empêcher sa colère de refroidir.

Dans la forêt de Raholec, un grand silence se fit et les chênes remirent en place leurs branches dérangées. Roumignot sortit de sa cachette et se mit à siffler joliment pour que le pinson réintègre son nid abandonné. Mais l'oiseau ne se montra pas ; il avait été effarouché par le prince. Roumignot sceptique considérait les œufs perdus.

C'est ainsi que le trouva Annette, une nymphe qui venait des prairies près de Raholec. Elle pensait trouver du muguet et elle rencontrait un brigand bien ennuyé. Elle lui dit :

— Allons Roumignot, ce n'est pas en les regardant que tu les réchaufferas. Tu dois t'y prendre autrement.

Mais Roumignot ne savait comment. Jamais aucun brigand n'était arrivé à faire revenir un pinson dans son nid. Il essaya de mettre les œufs au chaud sous son chapeau, puis dans la poche de son pantalon et enfin sous son aisselle.

Mais Annette disait toujours :

— Pas comme ça ! Tu vas les écraser.

Quand Roumignot eut épuisé toutes ses idées, il sortit son pistolet de sa ceinture et y introduisit les œufs les uns après les autres comme dans un cornet. Il remplit délicatement le pistolet d'étoupe molle.

— Peut-être que ça ira, dit Annette et elle s'éloigna en courant dans la forêt à la recherche de ses petites sœurs les nymphes des bois, pour aller cueillir du muguet.

Roumignot remit à sa ceinture le pistolet chargé des six œufs. Mais à peine avait-il fait quelques pas, qu'à Yitchine les trompettes se mirent à sonner.

« Le prince tient sa parole, pensa Roumignot, il m'envoie déjà la troupe. » A Yitchine, sur la place on sonnait le rappel et on battait le tambour, les soldats défilaient en colonnes et se mettaient en rangs.

Le prince, renfrogné, regarda par la fenêtre du château et cria :

— Chargez les canons avec de la poudre noire et des boulets en fer et tuez-moi Roumignot !

Les soldats chargèrent les canons, attelèrent les chevaux aux trois canons et partirent sur la route royale vers la forêt de Raholec.

Les jeunes filles de Yitchine allèrent en toute hâte acheter des habits noirs.

« Pauvre Roumignot ! »

Le sacristain de l'église Saint-Jacques sonna le glas. Pendant ce temps, les soldats étaient arrivés à Raholec. Ils pointèrent les canons. Le caporal avança de trois pas et dit :

— Roumignot, sors de la forêt, nous avons l'ordre de te tuer !

Dans la forêt rien ne bougea, on n'entendait que le pinson qui n'en finissait pas d'appeler au secours.

Le caporal fit une deuxième sommation puis une troisième.

A la troisième, le pinson se tut et Roumignot sortit de la forêt. Son pistolet à la main, il avançait vers les soldats.

— Maintenant arrête-toi, lui ordonna le caporal, sinon on risque de te manquer.

— Bon, je m'arrête, je ne veux pas ridiculiser l'armée. Il resta debout devant un églantier, les jambes écartées, et arma son pistolet.

Les soldats s'approchèrent et Roumignot s'avança à leur rencontre.

— Je compte jusqu'à trois, annonça-t-il.

A trois, il pressa sur la détente et les soldats tirèrent le cordon. Mais comme les cordons des canons étaient très longs, le pistolet de Roumignot partit avant. Il n'y eut pas de grosse détonation, juste un petit bruit. Les soldats s'attendaient à recevoir une balle en plein cœur, mais non, ce furent six petits pinsons qui s'envolèrent à la queue leu leu. Le septième pinson les appela à venir les rejoindre dans la forêt.

Les jeunes pinsons se posèrent sur les branches. Ils avaient de toutes petites voix argentées. leur chant était tellement agréable qu'il attira la nymphe Annette et six de ses sœurs, les nymphes des bois.

Les soldats abandonnèrent leurs canons et s'approchèrent des jolies jeunes filles.

Il y eut un grand bal avec les soldats et les nymphes.

Aujourd'hui encore on en parle à Yitchine.

Comment Roumignot enferme le prince dans le donjon

Deux pies étaient installées dans les branches d'un hêtre sous lequel Roumignot faisait cuire sa soupe de brigand. La plus vieille dit :

— Est-ce que c'est lui ?

— Est-ce que c'est bien lui ? dit l'autre.

— Oui, c'est moi, répondit Roumignot en mettant un morceau de bois dans le feu. Et alors ?

Les pies le conduisirent à la lisière de la forêt. On avait placardé un avis sur un arbre :

« Roumignot, si tu n'oses pas venir jouer du fifre dans la cour du château, tu es un froussard. »

L'avis portait la signature du prince.

Roumignot rit tant et si bien que les abeilles de sa barbe se mirent à bourdonner.

— Le prince veut se venger de façon déloyale parce que j'ai fait danser ses soldats avec les nymphes des bois.

— N'y va pas ! cria la plus vieille des pies.

— Ils te mettront la main dessus, reprit la plus jeune. Roumignot se contenta de hausser les épaules :

— Il faut que j'y aille. Je dois souffler dans ce fifre. Il y va de l'honneur des brigands.

Il retourna dans sa caverne. Au fond, dans un coin, il y avait un coffre, et, dans ce coffre, un sac en cuir. Il avait l'air ordinaire mais il ne l'était pas du tout : il ne tenait pas en place. Il grossissait, puis tout à coup se rétrécissait, il se gonflait et d'un seul coup se dégonflait. En un mot, il avait l'air d'être vivant. Roumignot le prit et bavarda avec lui jusqu'à Yitchine. Pendant tout le temps où il avait vécu dans la forêt, sa barbe avait poussé jusqu'à sa ceinture et ses cheveux tombaient presque sur ses épaules. Les gens se retournaient sur son passage.

« Avec l'allure que j'ai, je n'arriverai même pas jusqu'au château », se dit Roumignot. Il se rendit donc directement à la boutique du coiffeur Garodouille, s'assit sur une chaise, jeta son chapeau sur la patère et demanda :

— Taillez-moi la barbe et les cheveux !

Quand Garodouille s'approcha de Roumignot pour lui couper la barbe, cela se mit à bourdonner et les abeilles des bois commencèrent à se disperser.

— Mon Dieu ! s'écria Garodouille, je vais plutôt commencer par les cheveux.

Il passa le peigne dans les cheveux, mais un petit oiseau se mit à piailler.

— Que faire ? demanda Garodouille perplexe.

— Tu perds trop vite ton sang-froid, Garodouille, répondit Roumignot. Calme-toi et apporte donc une boîte et une petite cage.

Tous deux secouèrent l'essaim pour le faire entrer dans la boîte, et ils enfermèrent l'oiseau dans la cage. Mais c'était maintenant le sac que Roumignot tenait sur ses genoux qui troublait Garodouille : il se gonflait d'air comme une cornemuse pour se rétrécir ensuite comme un pruneau.

— Ce n'est rien, disait Roumignot, simplement un peu de vent que j'ai ramassé dans les champs.

Garodouille le coiffeur se tranquillisa :

— Vous voulez un journal ? proposa-t-il à Roumignot selon l'habitude des coiffeurs. Roumignot le parcourut des yeux :

Tiens ! Il y avait le même avis que Roumignot avait trouvé le matin sur l'arbre. En dessous on avait dessiné une petite image : le fifre, dans lequel il devait souffler, posé sur une table dans le donjon du château.

Garodouille montra l'image avec la pointe de ses ciseaux.

— Tu ferais mieux de ne pas essayer. On dit que le prince se prépare à te capturer. Il t'a tendu un piège.

Pendant ce temps, le prince et la princesse s'activaient d'une étrange façon.

La princesse tenait un pot de peinture blanche et le prince à l'aide d'un énorme pinceau, traçait une longue flèche qui indiquait le chemin pour monter jusqu'à la pièce où se trouvait le fifre. Le valet du prince, Frisek, avait peint de la même manière la direction depuis la boutique de Garodouille jusqu'au château.

Quand il eut fini la pointe de la flèche qui touchait le fifre, le prince dit à la princesse :

— Ma chère, regagnez votre chambre, il va se passer ici de dangereuses choses.

La princesse sortit. Le prince appela Frisek et l'envoya se poster derrière le battant de la porte de fer de la chambre.

— Attention, le prévint-il, dès que Roumignot sera entré et aura soufflé dans le fifre, tu refermeras la porte.

Frisek alla se cacher derrière la porte, le prince s'installa dans le coffre noir de l'antichambre et, à l'avance, pouffa de rire dans son mouchoir :

— Cette porte n'a pas de poignée, mais, par contre, elle a une serrure qu'aucun serrurier d'ici à Flamsek ne saurait ouvrir.

Cependant, Roumignot, les cheveux coupés, sortait de la boutique de Garodouille. Ses pieds suivirent tout seuls la flèche peinte sur le trottoir. Il tenait d'une main la cage avec l'oiseau, et de l'autre, la boîte avec les abeilles, et portait le sac de vent jeté sur son épaule. Il franchit la porte fortifiée et, toujours suivant la flèche, traversa la place en diagonale. Il serait parvenu au traître donjon si le petit oiseau dans sa cage ne s'était mis à crier.

« Ah ah, pensa Roumignot, quelque chose se trame. »

Il revint sur ses pas et se cacha sur la place derrière la fontaine. Prudemment il observa le château. Alors, petit à petit, il comprit le plan du prince qui était cousu de fil blanc.

Dans le donjon, le prince ne tenait plus en place. Il s'agitait dans son coffre et répétait à Frisek :

— Dès qu'il souffle dans le fifre, tu fermes la porte hein !

Pendant ce temps Roumignot ne se tournait pas les pouces. Il envoya le petit oiseau en reconnaissance. L'oiseau vola trois fois devant la fenêtre en examinant tout et il raconta à Roumignot le piège du prince. C'est ainsi qu'il apprit ce qui l'attendait. Il réfléchit à la façon de s'en tirer. Doucement il ouvrit la boîte et appela les abeilles :

— Allez !

Les abeilles se dispersèrent et volèrent droit au château. Après quoi Roumignot laissa tomber le sac de vent qui s'agitait et desserra la ficelle qui le maintenait fermé. Un vent bleuté et délicat en sortit. Roumignot lui indiqua le donjon et le vent s'y infiltra par la fenêtre ouverte.

Dans son coffre, le prince bouillait d'impatience. Quand tout à coup on souffla dans le fifre :

Fit !

Cela provenait de la chambre : c'était le vent qui soufflait dans le fifre :

Fit ! Fit !

C'était de plus en plus fort :

Fit ! Fit ! Fit !

Le prince jeta un coup d'œil et cria à Frisek :

— Comment est-il possible que Roumignot souffle dans le fifre ? Il n'a pas suivi la flèche ?

— Si vous vous ne le savez pas, comment pourrais-je le savoir ? s'exclama Frisek de derrière la porte.

— Je vais voir.

Le prince entra dans la chambre en courant pour voir ce qui se passait avec ce fifre. Alors, les abeilles s'engouffrèrent dans l'antichambre. Elles firent un tour, découvrirent Frisek derrière la porte et piquèrent droit sur lui. Le valet se précipita dans la chambre. Pour que les abeilles ne puissent y pénétrer, il claqua la porte en fer derrière lui.

Les clefs, le prince et Frisek ne les avaient pas, et il n'y avait pas de serrure aussi solide jusqu'à Flamsek, si bien que personne ne pourrait ouvrir la porte du donjon.

Derrière la fontaine, Roumignot poussa un soupir de contentement. Il libéra l'oiseau, rendit le vent au ciel et attendit que les abeilles reviennent s'installer dans sa barbe. Puis il retourna par la route royale dans sa forêt de Raholec.

Comment Roumignot fait cadeau à Manka d'une bague de soleil

La caverne de Roumignot se trouvait au plus profond de la forêt, si loin, que jamais personne, pas même la vieille grand-mère qui venait ramasser des baies, ne l'avait découverte. Quand il voulait voir de la compagnie, il allait s'agenouiller au-dessus de la source.

— Roumignot, dit-il à son image, c'est bien triste d'être seul alors qu'à deux la vie est tellement plus agréable. Tu dois te chercher une compagne, bonne maîtresse de maison. Mais dépêche-toi tant que ta barbe est à peu près bien taillée.

— Dans ce cas il vaut mieux s'y mettre immédiatement, lui répondit l'image de la source.

Par des chemins secrets Roumignot arriva à travers les fourrés jusqu'à la lisière de la forêt de Raholec. Il y avait un chêne à la croisée des chemins. Il repéra la plus haute branche, celle qui s'élançait vers le soleil, il grimpa dessus, se hissa vers le ciel et rompit deux rayons de soleil. Ils étaient très fragiles.

Roumignot tressa ces rayons et en fit une bague radieuse. Elle se mettait à briller avec le lever du soleil et, le soir venu, s'éteignait. Il attendit midi juste et déposa la bague au carrefour, en plein milieu.

Elle se mit à resplendir de tous ses feux, et Roumignot démêla sa barbe avec son peigne à myrtilles pour être beau.

Tout à coup, il y eut un éclair bleu au sommet de l'arbre et un geai chanta :

« Elles arrivent ! »

Deux jeunes filles de Yitchine s'approchaient de la clairière : elles étaient toutes les deux jolies et pourtant très différentes.

L'une avait les cheveux noirs et des mains très blanches, l'autre avait les mains brunies par le soleil et des cheveux couleur de blé mûr. L'une s'appelait Anka et l'autre Manka.

C'est Anka qui aperçut la bague la première. Une seconde lui suffit pour sauter dessus, la passer à son doigt et se dire qu'elle valait au moins douze ducats.

Roumignot sortit des buissons.

— Tu as pris la bague et comme c'est ma bague de fiançailles, tu dois m'épouser.

« Pourquoi ne l'épouserais-je pas, pensa Anka, pour une aussi belle bague je veux bien épouser un brigand. »

— Très bien, approuva Roumignot, je vais te montrer notre maison.

Il conduisit Anka à sa caverne de brigand. Manka, marchait en arrière pour ne pas les gêner. Parvenu devant la caverne, Roumignot s'arrêta :

— Voilà mon château.

Anka illuminait toute la grotte avec sa bague de soleil.

— Ici il n'y a pas grand chose, dit-elle. Mais là-bas au fond il y a un coffre, peut-être contient-il quelque richesse. Elle entra et se précipita pour regarder à l'intérieur. Mais il n'y avait qu'un sac en cuir vide qui ne renfermait même plus un souffle de vent. Anka claqua le couvercle d'un air méchant.

— J'ai épousé un brigand ou un mendiant ? Roumignot, je ne veux pas de toi si tu ne te conduis pas en véritable brigand.

Roumignot qui ne voulait pas commencer son mariage par une dispute, s'en alla. Dès qu'il fut hors de vue, Anka fourra dans les mains de Manka une branche de bouleau et lui dit de balayer la caverne.

Pendant ce temps, Roumignot se rendit à la croisée des chemins sous le chêne. Tout triste il chargea son pistolet avec un gland et tira en l'air pour s'amuser en disant :

« Anka est très mignonne mais méchante comme un diable, que faire ? »

Il était bien ennuyé. C'est alors que le soleil passa un doigt doré à travers les branches du chêne et lui donna une tape sur l'épaule :

— Dis-donc toi ! Qu'as-tu fait des deux rayons que tu m'as volés ?

Roumignot qui n'était pas un menteur avoua :

— J'en ai fait un anneau mais je ne l'ai pas donné à la bonne jeune fille.

Le soleil s'assombrit :

— Effectivement.

Roumignot chargea son pistolet pour tirer une deuxième fois parce qu'il était triste.

— Hé toi, lui cria le soleil, arrête ! Ce n'est pas en faisant cela que tu arrangeras tes ennuis.

Le soleil se mit à réfléchir tellement profondément qu'une ombre passa sur la terre. Tout à coup, il rayonna à nouveau :

— Moi aussi, j'ai des soucis. Tu vois ce chêne sous lequel tu es, il m'irrite beaucoup car il cache ses glands tout l'été sous ses feuilles, et moi, à l'automne, j'ai fort à faire pour arriver à les mûrir. Ne pourrais-tu pas trouver une idée ?

Roumignot s'approcha du chêne et l'ébranla avec sa terrible force de Roumignot.

— Qui est-ce ? demanda le chêne.

— Roumignot.

Pendant un instant le chêne compta dans son for intérieur.

— Je suis là depuis deux cent cinquante-sept ans mais jamais encore on ne m'a bousculé avec une telle force.

— Eh bien si je l'avais vraiment voulu, dit Roumignot en riant dans sa barbe, tes glands en seraient sûrement tombés.

— Cela m'étonnerait que tu y sois arrivé, répliqua le chêne un peu effrayé tout de même, car je suis toujours bien vert.

Il lui montra tous les glands qu'il portait. Alors le soleil en profita pour les faire mûrir.

— Merci de ton aide, Roumignot, à présent je vais t'aider. Rentre tranquillement dans ta grotte.

— C'est tout ? Je n'ai rien d'autre à faire ? s'étonna Roumignot.

— Non, rien d'autre, tu n'as qu'à rentrer chez toi.

Il fit comme le soleil lui avait conseillé. Il s'assit sur une pierre à l'entrée de la caverne mais il ne comprenait toujours pas comment le soleil allait faire. La situation ne semblait pas vouloir s'améliorer : Manka s'appliquait à balayer avec la branche de bouleau, Anka se pinçait le nez et lui disait de faire attention à ne pas faire tant de poussière. Puis elle voulut que Manka recouvre le sol de sable et de gravillons. Roumignot observait la scène et il en était tout retourné ; soudain il eut un éclair de bon sens :

— Je me suis trompé Anka, allons donc ! C'est Manka que j'aurais dû épouser.

— C'est trop tard, riposta Anka.

A ce moment-là le soleil commença à disparaître derrière la montagne. Il cessa d'éclairer la bague d'Anka. Elle perdit peu à peu son éclat et enfin s'éteignit complètement. Anka trépignait :

— C'est pour elle que j'ai épousé un brigand. Mais ça ne vaut rien, même pas douze sous.

Elle le gifla, jeta la bague par terre et reprit la route de Yitchine.

Il n'y avait aucun regret à avoir. Roumignot, confus, resta un moment à piétiner sur place comme s'il avait des souliers trop petits, puis il ramassa la bague éteinte et la passa au doigt de Manka.

— Demain, avec le soleil, elle brillera à nouveau pour toi.

Manka répondit :

— Même sans cela je t'aurais épousé.

Roumignot reprit :

— Je ne suis pas sûr que tu veuilles d'un brigand. Tu es la propreté même.

Manka réfléchit :

— Cela s'arrangera, dit-elle, je suis femme de brigand et il faudra bien que je me salisse de temps en temps.

Comment Roumignot va chercher une pomme rouge

Avec le temps, Manka apprit à être femme de brigand et Roumignot n'eut pas besoin de lui dire ce qu'elle avait à faire. Il s'installa sur la pierre devant la caverne et se tailla une pipe dans un morceau d'écorce de hêtre. Ensuite il confectionna un vrai mélange de tabac de brigand dans sa blague : de la cosse de gland, de la poudre d'ellébore et un peu de soufre. Quand il eut terminé, il ferma sa blague et dit à Manka :

— Il y a de belles pommes rouges dans le jardin du château. J'irais bien en cueillir une pour toi.

Il installa Manka sur une banquette de mousse et ajouta :

— Assieds-toi ici et tends ton tablier. je vais t'envoyer une pomme de Yitchine.

Sur le chemin de Yitchine, pour se faire plaisir, il bourra sa nouvelle pipe de tabac frais. Il frotta un ongle sur l'autre, une étincelle jaillit qui alluma le tabac dans la pipe. Ce mélange était aussi fort qu'une douzaine de solides montagnards. A la première bouffée, à deux cents mètres à la ronde, les prunes tombèrent des arbres. A la deuxième, le rocher de Prahov se mit à trembler. Roumignot préféra ranger sa pipe dans sa poche et se dit :

— C'est un tabac de premier choix mais il faut y aller doucement.

Il était arrivé à la barrière du jardin du château. Il l'enjamba, alla d'un arbre à l'autre à la recherche de la plus belle pomme rouge pour Manka.

Pendant ce temps, celle-ci s'était assise sur la banquette de mousse. Elle avait bien tendu son tablier mais rien n'y était tombé.

En effet, Roumignot ne parvenait pas à se décider tant les pommes étaient belles. Il en choisissait une des yeux mais il avait toujours l'impression qu'il y en avait une encore plus rouge. C'est ainsi qu'il se retrouva au milieu du jardin. Il n'avait pas remarqué que, de sa fenêtre, la princesse Marjolaine l'observait depuis un moment. Souvenez-vous : c'était son époux, le prince, que Roumignot avait enfermé dans le donjon.

Roumignot inspecta encore quelques arbres. Il finit par choisir une pomme bien mûre au sommet du pommier le plus haut. Il réfléchit à la manière de la cueillir. Il chargea son pistolet avec un gland, s'approcha, tira et atteignit la pomme qui tomba dans sa main.

La princesse Marjolaine qui épiait Roumignot tantôt par la fenêtre gauche, tantôt par la droite se dit :

« Attends un peu, tu vas payer pour ce que tu as fait au prince ! »

Elle tira le cordon de la sonnette.

Immédiatement quatre escadrons de hussards firent irruption des quatre coins du jardin. Ils sonnaient du cor et battaient le tambour.

Roumignot s'exclama : « Trahison ! » Il ne put rien ajouter. C'est tout juste s'il arriva à lancer par dessus la tête des hussards la pomme dans la forêt de Raholec.

Les hussards l'acculèrent contre la barrière du jardin puis le conduisirent en haut dans la salle où la princesse Marjolaine était assise sur son trône.

A ce moment précis la pomme, envoyée de Yitchine, atterrit dans le tablier de Manka. Elle était rouge comme une tomate mais elle se mit à pâlir de plus en plus jusqu'à devenir aussi verte qu'une laitue.

« Il est en train d'arriver un malheur à Roumignot ! » s'exclama Manka effrayée.

Dans le château, la princesse examinait Roumignot, elle lui fit une petite place sur le trône et lui sussura :

— Eh bien, brigand, viens donc t'asseoir ici.

— Je ne veux pas.

La princesse se contenta de sourire d'un air mielleux :

— Maintenant que tu as enfermé le prince, mon époux, dans le donjon, tu dois venir auprès de moi.

Roumignot s'assit sur le bord du trône et demeura silencieux. La princesse le regarda de nouveau et dit :

— Mais avant, Roumignot, tu dois être habillé correctement.

Vingt-sept serviteurs se précipitèrent dans la salle et en un clin d'œil, il fut revêtu d'une chemise en velours, d'un manteau de comte, d'un pantalon presque comme celui du prince et d'escarpins à boucles. Mais sa barbe, ils n'y touchèrent pas afin que l'on puisse encore le reconnaître.

C'est par un pur hasard qu'il garda dans la main sa pipe en écorce de hêtre et sa blague pleine de ce tabac de premier choix.

La princesse l'inspecta des pieds à la tête et, de plaisir, ferma les yeux à demi. Cela fit peur à Roumignot qui sauta du trône et voulut s'en aller. Elle fit juste un claquement de doigts et la musique commença.

Des filles de comtes s'avancèrent dans la salle suivies par de jeunes seigneurs. Déjà tout le monde dansait et le balancement des danseurs ressemblait à celui des vagues. Tout cela émoussait petit à petit son ouïe et sa vue de brigand. Alors, d'un bond, la princesse descendit du trône, le prit par la taille et le fit danser à la française, avec raideur. Elle se rapprocha de lui et soupira :

— Très-joli-charmant, avec le même ton pédant que le prince.

Quand Roumignot eut complètement perdu la tête, les valets vinrent l'inonder de parfum. Il ne parvenait pas à reprendre ses esprits. Il ne savait plus où il en était, il se rassit donc aux côtés de la princesse sur le trône et, comme dans un rêve, il s'entendit prononcer :

— Je me rends. Je serai prince.

Pendant ce temps-là, Manka était accourue depuis Raholec. Debout sur la place, elle regarda par la fenêtre et comprit ce qui se tramait : la danse et la façon dont la princesse se comportait avec Roumignot. Tout d'abord elle se tordit les mains puis elle se mit à trépigner en criant :

— Roumignot, souviens-toi !

Roumignot gratta sa barbe parfumée et, subissant le charme, il soupira d'un air majestueux :

— Fort-jolie-baronne, je suis prince désormais.

La princesse sourit de plus belle.

Manka laissa retomber ses bras.

— Si tu n'es pas capable de te souvenir tout seul, regarde ce que tu tiens dans la main !

Roumignot vit la pipe et la blague. Cela lui éclaircit les idées. Il saisit la pipe dans la main gauche et cria par la fenêtre :

— J'arrive, petite Manka !

Avec le pouce, il bourra sa pipe de tabac de premier choix.

La princesse l'observait d'un air méfiant. Roumignot frotta ses ongles l'un contre l'autre pour allumer sa pipe. Mais aucune étincelle ne se produisit : ses ongles s'étaient polis comme ceux d'un seigneur.

— Ça ne marche pas, Manka, je n'arrive pas à l'allumer.

La princesse eut un sourire mielleux :

— Demain, Roumignot, nous te raserons cette barbe et tu seras un parfait gentilhomme.

— Non, cria Manka, Roumignot attrape !

Par la fenêtre ouverte deux petits morceaux de silex atterrirent dans la salle de bal. Roumignot se précipita, les frotta et l'étincelle alluma la pipe.

A la première bouffée, la pipe grésilla et tous se turent.

A la deuxième, la fumée sortit et tous se mirent à crier.

A la troisième, la pipe tonna : le tabac de brigand commençait ses prodiges.

C'est ainsi que la princesse fut clouée sur le trône, un général chauve se retrouva assis à côté d'elle et ils furent expédiés à Kopidla.

Les petits comtes reçurent un grand coup dans le dos. Quant aux jeunes comtesses, cela les fit tournoyer comme des toupies tellement vite qu'elles ne pouvaient pas s'arrêter.

Roumignot ne perdit pas de temps, il sortit en courant du château, prit Manka par la main, et l'emmena dans le jardin tout droit au pommier qui avait de si belles pommes rouges.

Comment Roumignot noie le dragon

Le prince était donc dans le donjon et la princesse Marjolaine n'était toujours pas revenue de Kopidla. Mais, même comme cela, la vie de brigand n'était pas rose.

Un beau jour, Roumignot se trouva à court de glands pour son pistolet. Il prit le sac et dit à Manka :

— Il faut que j'aille voir si les glands de cette année sont déjà mûrs car je n'ai plus de munitions.

Comme il arrivait au chêne, il aperçut Petitsyeux, l'instituteur de Yitchine, assis sur la plus haute branche ; il examinait avec une loupe les glands et inscrivait quelque chose sur un carnet. Soudain, sa plume lui échappa des mains. Petitsyeux voulut la rattraper et se foula la cheville avec sa maladresse d'instituteur. Il réalisa alors qu'il était bel et bien coincé sur la branche. Le voilà là-haut qui se met à crier dans toute la forêt.

Avec sa légèreté de brigand, Roumignot bondit, secoua le chêne et Petitsyeux tomba heureusement dans ses bras. Il se précipita pour voir si la loupe ne s'était pas ébréchée dans sa chute, puis il s'adressa à Roumignot :

— Merci. Je suis Petitsyeux, instituteur, allumeur de réverbères et devin à Yitchine. Si tu as besoin d'un conseil, tu me trouveras à l'école.

Roumignot hocha la tête, reconduisit Petitsyeux à la lisière de la forêt et lui indiqua le chemin pour retourner à Yitchine par la route royale. Roumignot revint sur ses pas. Manka était là, sous le chêne ; elle l'attendait avec un panier de linge lavé. Elle éclata de rire et lui dit :

— Je voulais étendre le linge mais j'ai oublié les pinces dans la grotte. Est-ce que tu peux m'attendre ici à côté du panier ?

Roumignot acquiesça et Manka partit en courant. Pour être mieux installé, Roumignot s'appuya contre le chêne.

L'arbre avait-il été touché par la foudre ? La chute de l'instituteur secoué par Roumignot avait-elle fendu son écorce ? Toujours est-il que le chêne se mit à craquer et s'abattit. Mais en dessous il y avait un orifice. Manka qui était revenue avec les pinces s'arrêta stupéfaite. C'était l'entrée d'un souterrain.

— Attends ! N'y entrons pas, dit Roumignot. Il alla chercher une branche de sapin, frotta ses ongles l'un contre l'autre et alluma la branche comme une torche. Il se faufila dans le trou et s'enfonça de plus en plus profondément. Plus il progressait, plus il faisait chaud comme dans un four. Roumignot arriva ainsi au cœur de la forêt de Raholec. Une curieuse fumée flottait comme si on avait oublié de fermer la porte du four. C'est là que se terminait le souterrain, un dragon y était couché ! Il dormait, ses trois têtes reposant sur ses pattes griffues. Ses yeux étaient fermés et de la fumée sortait des six trous de ses nez. Vite Roumignot souffla sur la torche. Le dragon s'éveilla à moitié, il ne se sentait pas très bien et devint vert phosphorescent. La tête gauche cligna des yeux et dit :

— Petites têtes, mes sœurs, réveillez-vous, il y a quelqu'un.

Les deux autres têtes s'éveillèrent et celle du milieu s'écria :

— Oh oh !

Roumignot tint bon et répliqua :

— Oh oh !

Seulement les trois têtes se mirent à faire :

— Oh oh oh oh oh oh !

— Ça ne sert à rien de crier, continua Roumignot, à qui ai-je l'honneur de parler ?

Les têtes parlèrent les unes après les autres :

— Je suis le dragon qui va venir chercher Manka demain.

Roumignot ressortit du souterrain et prévint Manka doucement :

— Demain le dragon va venir te chercher, mais ne pleure pas. Les dragons savent voler et dans les airs je ne peux me battre contre eux. Mais je trouverai un moyen. Manka devint pâle comme la lune.

— Roumignot, je ne veux pas te laisser.

— Ne pensons plus à cela, petite Manka.

Quand un brigand dit cela, sa femme sait qu'elle doit se taire. Pourtant Manka ne put s'empêcher de soupirer :

— Tu devrais aller voir Petitsyeux.

Quand Roumignot arriva à l'école, l'instituteur-allumeur de réverbères-devin, Petitsyeux, faisait des tours de magie. Il y avait plein de craquements et d'étincelles. Roumignot avait à peine commencé à raconter son histoire que Petitsyeux l'interrompit :

— N'en dis pas davantage. Voilà un appareil à dragon. Maintenant je te laisse sinon mes étincelles vont s'éteindre.

Roumignot emporta l'appareil dans sa caverne. Manka et lui l'examinèrent longuement. Il se composait de deux ballons gonflés et liés par une courroie. Il les lâcha, ils s'envolèrent au plafond. Il y avait aussi une courte rame en bois.

Roumignot le reprit dans la main et fronça les sourcils en essayant de comprendre à quoi servait cet appareil. A la fin, il se tapa sur le front avec la main et son visage s'éclaira :

— Ça y est, j'ai compris !

Le lendemain, à l'heure maudite, le dragon se présenta. Il trépignait d'impatience devant la grotte et gronda :

— C'est moi. Où est Manka ?

Roumignot secoua l'essaim de sa barbe pour que le dragon ne leur fasse pas de mal, sortit et répondit :

— Elle a été à Yitchine acheter des rubans pour te plaire.

En même temps, tout doucement, il approcha l'appareil que lui avait donné Petitsyeux.

— Qu'est-ce que tu agites et remues sans arrêt ? s'exclamèrent les trois têtes du dragon en se fâchant.

— En tout cas j'y suis arrivé, murmura Roumignot en attachant le dernier nœud. Il saisit la rame en bois et proposa :

— Si tu veux, allons chercher Manka ensemble.

Le dragon approuva. Roumignot sauta sur son dos et le dragon s'élança dans les airs. Il vola jusqu'à Yitchine. Autour de lui ce n'était que feu et fumée. Roumignot veillait à ce que les ballons ne prennent pas feu. Ils atterrirent à Yitchine mais pas de Manka. Le dragon, furieux, tourna vers Roumignot sa première tête :

— Où est-elle ?

— Je n'ai que deux yeux.

Le dragon agita sa deuxième tête :

— Alors, où est-elle ?

— Mais toi tu as six yeux.

Le dragon se servit de sa troisième tête :

— Bon, où est Manka ?

— Si tu ne faisais pas tant de bruit et si tu regardais comme il faut, tu la verrais. Elle t'attend là-bas près du vivier. Avec la rame, il lui montra le vivier qui brillait dans la prairie comme un diamant.

Le dragon s'approcha. Quand il ne fut plus qu'à un mille à vol d'alouettes, il recommença.

— Va plus près, elle t'attend sous le saule.

Le dragon avança. Quand ils furent tout près du vivier, il se vit dedans comme dans un miroir et rugit :

— Qui est-ce ?

Roumignot se pencha et répondit :

— Pas de chance ! Un autre dragon. Nous sommes arrivés trop tard. C'est lui qui a pris Manka.

Le dragon se rua de toutes ses forces sur l'autre et se retrouva dans le vivier. Il s'enfonça si profondément qu'il était impossible de le tirer de là. Juste avant que le dragon ne plonge, Roumignot avait glissé le long de son dos. Les ballons de Petitsyeux l'emportèrent presque jusqu'aux nuages. Manka l'attendait :

— Comment cela s'est-il passé ? demanda-t-elle, encore toute tremblante.

Roumignot se contenta de dire :

— Ce qui c'est passé ? Pas comme c'était prévu : pour nous maintenant la vie est belle, mais pas pour le dragon.

Comment Roumignot achète un nouveau pistolet

Roumignot, souvenez-vous, avait eu bien des péripéties avec son pistolet : les six pinsons qui s'étaient nichés dedans, y revenaient sans cesse. Il dut donc l'abandonner et se rendre à Yitchine chez l'armurier en acheter un autre.

Grossou, l'armurier, sortait justement de la réserve ; il demanda :

— Que puis-je faire pour toi ? Veux-tu des balles ou bien de la poudre ?

— Non, rien de tout cela, répondit Roumignot, j'ai besoin d'un nouveau pistolet.

Grossou fouilla dans son assortiment de pistolets. Il en choisit un et le posa sur le comptoir devant Roumignot.

— Prends celui-là, il vient de Hollande et il tire tout seul.

— Combien vaut-il ? demanda Roumignot.

— Combien peut-il valoir chez Grossou ? Un sou bien sûr, fit l'armurier.

Roumignot avait beaucoup de poudre et de glands dans sa poche aussi en chargea-t-il le nouveau pistolet.

Puis il alla sur la place. C'était justement jour de foire, il y avait un stand de tir et le forain haranguait la foule :

« Cavaliers, malandrins, brigands ! essayez votre nouveau pistolet à mon stand ! »

Roumignot s'approcha, visa avec son pistolet hollandais et appuya sur la détente. Rien.

— Tu as fait là une bonne affaire ! se moqua le forain.

— C'est peut-être à cause de la charge, et Roumignot se dirigea vers la tour fortifiée pour recharger son pistolet à l'ombre.

C'est alors que le coup partit. Peut-être le pistolet avait-il été intimidé la première fois. Le gland traversa la place en sifflant. Le sang de Roumignot ne fit qu'un tour et il courut à la boutique de l'horloger Bontemps qui se trouvait de l'autre côté de la place. Il tenait un coucou à la main et se lamentait :

— Roumignot, c'est du propre : tu as tué mon coucou. En effet, le coucou avait une mauvaise blessure à l'aile.

— Il va certainement mourir, gémit Bontemps.

— Mais non, le rassura Roumignot, ce que j'ai cassé je le répare.

Il prit l'horloge avec le coucou blessé et la rapporta à Manka dans la grotte. Elle se désola de ce qui était arrivé au coucou et elle se demanda comment le sauver :

— Qu'allons-nous faire pour ce pauvre petit ?

— Il va guérir, dit Roumignot. Le mieux pour un coucou, c'est d'être dans la nature au milieu d'une forêt. C'est pourquoi ce pauvre oiseau restera avec nous à Raholec jusqu'à sa guérison.

Ils installèrent le coucou blessé dans la forêt à la fourche d'un arbre et attendirent de voir ce qui allait se passer. Le bon air de la forêt fit des merveilles. Au bout d'une semaine, le coucou essaya de faire coucou et au bout de deux semaines, il chantait toute la gamme.

— Gardons-le encore une semaine pour qu'il se fortifie tout à fait, déclara Roumignot.

Mais bientôt dans la forêt de Raholec, le bruit courut parmi les oiseaux, qu'il y avait un coucou chez Roumignot. Les chouettes, les piverts, les loriots arrivèrent à tire-d'aile et s'installèrent sur les branches. Ils n'avaient encore jamais vu cela.

Cette curiosité ne gêna pas le coucou au début mais, au bout d'un moment, elle l'agaça. Il rentra dans sa maisonnette et ne voulut plus en sortir.

Les oiseaux n'étaient pas contents du tout. Une chouette dit qu'elle ne laisserait pas faire cela ; elle alla taper du bec à la maisonnette et tous attendirent le coucou.

— Qu'est-ce que vous regardez ? cria le coucou.

— On voudrait te voir, répondirent les oiseaux en éclatant de rire.

— Eh bien, vous allez voir ! s'écria le coucou, il sortit de sa maisonnette et s'envola dans la forêt. A chaque nid il s'arrêta et y demeura quelques instants.

— Qu'est-ce que tu fais ? demandèrent les oiseaux. Mais le coucou fit la sourde oreille. Quand il eut visité tous les nids, il rentra tranquillement dans sa maisonnette.

Quelques jours plus tard, Bontemps vint chez Roumignot chercher son coucou guéri. Roumignot l'accompagna au hêtre où était accroché le coucou, celui-ci sortit, fit coucou trois fois. Bontemps examina tous les rouages.

— Il est précis, à trois secondes près.

Il remercia Roumignot pour les soins qu'il avait donnés au coucou, décrocha l'horloge de la fourche du hêtre et la ramena à Yitchine.

Cet après-midi-là, comme Manka nettoyait la caverne, Roumignot alla dans la forêt pour se trouver un coin tranquille dans la mousse. Il s'installa sous un arbre mais, à peine était-il endormi, qu'une chouette vint lui pépier désagréablement dans les oreilles. Roumignot la chassa avec son chapeau et s'assoupit de nouveau. Mais surgirent les chouettes, les piverts et les loriots très en colère.

« Nom d'une pipe, qu'est-ce qui se passe aujourd'hui dans cette forêt ? » bailla Roumignot et il s'assit.

Les oiseaux tourbillonnèrent autour de lui jusqu'à ce qu'il se lève et vienne voir leurs nids. Roumignot n'en crut pas ses yeux de brigand : dans chaque nid un coucou venait d'éclore.

Toute la journée Roumignot grimpa aux arbres et ramassa les coucous. Ensuite Manka et lui les apportèrent à Bontemps. Bontemps se procura des roues dentées, installa chaque coucou dans une maisonnette et cela fit autant de pendules à coucou. Manka et Roumignot n'en mirent pas dans leur grotte car ils ne voulaient pas que le coucou révèle leur cachette aux gardes forestiers.

Mais, à Yitchine, pendant longtemps on entendit plein de coucous. On se serait cru dans une forêt.

Comment Roumignot va chercher un potiron

La nourriture d'un brigand est simple. Un peu de soupe, des galettes de grains écrasés entre deux pierres, parfois de la viande bouillie dans un chaudron ou rôtie à la menthe. Un jour, à la fin du déjeuner, Roumignot avala de travers.

— Qu'est-ce que tu as ? s'enquit Manka.

— J'ai une envie soudaine de potiron.

— Moi aussi. Il y a bien longtemps que j'en ai mangé un, macéré dans du miel d'abeilles sauvages, fit Manka d'un air gourmand.

— Je vais en chercher un, déclara Roumignot.

Il se dirigeait vers le champ de potirons qui était à côté de Raholec quand il se produisit un événement en fait assez courant : il entendit des pépiements d'oiseau et en s'approchant il vit que c'était une corneille qui était prise dans les épines. Délicatement il la dégagea, lissa ses plumes et lui dit :

— La prochaine fois, fais attention !

La corneille cligna de l'œil et répéta :

— La prochaine fois, fais attention !

— Évidemment que pourrais-tu me dire d'autre puisque tu es un oiseau imitateur, éclata de rire Roumignot et il poursuivit son chemin.

Il arriva au champ. Les potirons poussaient en abondance. Roumignot choisit du regard le plus gros. Il saisit le potiron et allait le tirer par la queue quand quelqu'un lui prit le bras : c'était le chevalier Fichtoula caché derrière le potiron. Il y eut un claquement et Roumignot se retrouva menottes aux poignets.

— Je cours après toi, Roumignot, depuis que tu as offensé la dignité des pieds de Pataugas et je viens de te capturer dans le champ de potirons, triompha Fitchtoula. Roumignot aurait peut-être pu s'échapper mais les menottes étaient en acier trempé et elles étaient si serrées qu'elles s'incrustaient dans ses poignets.

Le chevalier Fichtoula lui prit le bras pour l'emmener en prison. A peine avaient-ils fait quelques pas que la corneille voleta au-dessus d'eux. C'était celle que Roumignot avait aidé à sortir des épines. Elle amorça un piqué et manqua de peu les moustaches de Fichtoula.

— Fais donc attention à moi ! se fâcha Fichtoula.

— Fais donc attention à moi ! répéta la corneille.

Fichtoula conduisit Roumignot dans la cellule située tout en haut de la tour fortifiée. Au milieu de la cellule se trouvait un gros pilier en pierre. Il était tellement épais que l'on ne pouvait voir une personne cachée derrière. La fenêtre ne mesurait que quatre pouces de large et avait une solide grille.

Fichtoula ne remarqua pas la corneille qui volait autour de la grille.

« Amuse-toi bien en prison, Roumignot », dit Fichtoula en guise d'adieu et il claqua la lourde porte en chêne. Pendant ce temps-là, Manka mélangeait le miel d'abeilles sauvages dans un pot, en attendant le potiron. Roumignot n'arrivait toujours pas. C'est alors que quelque chose froufrouta à l'entrée de la grotte et la corneille voleta vers Manka. Elle était toute noire et elle répéta tristement :

« Amuse-toi bien en prison, Roumignot. »

Manka écouta la corneille et comprit tout de suite qu'il était arrivé un malheur à Roumignot. Elle mit le pot de miel de côté et courut à Yitchine. Elle pensait que la princesse Marjolaine avait encore inventé un piège. Dans la prison rien n'avait changé. Fichtoula monta voir dans la cellule si le prisonnier n'avait pas eu quelque mauvaise intention.

Roumignot faisait les cent pas autour du pilier et était complètement absorbé dans ses pensées. Fichtoula essaya pendant un moment d'engager la conversation mais Roumignot fit la sourde oreille et continua à tourner autour du pilier en fredonnant une chanson au sujet d'un beau château de Yitchine :

« Tralalala lalalala dilala tralala. »

A cet instant la corneille survint. Elle regarda Fichtoula mais lui ne la vit pas et elle s'installa à la grille de la petite fenêtre. Elle écouta Roumignot puis reprit :

« Tralalala lalalala dilala tralala. »

— Tu devrais faire un duo avec la corneille, Roumignot, grogna Fichtoula, il fit tinter ses clefs, claqua la porte en chêne et partit surveiller les autres cellules.

Mais, quand Fichtoula fut parti, Manka qui était en bas de la tour appela Roumignot. Elle avait appris qu'il n'était pas au château et avait alors compris qu'il était en prison. Manka frappa à la porte en bas en criant :

— Roumignot, tu es là ?

Roumignot se précipita à la fenêtre et ils se regardèrent à travers la grille.

— Que c'est haut, constata Manka tristement.

Impuissant, Roumignot jura et tonna :

— Même si j'arrivais à arracher cette grille, je ne pourrais pas sauter sans me faire mal.

Ni l'un ni l'autre ne remarqua que la corneille se glissait par la grille dans la cellule.

Fichtoula était furieux parce que Manka pleurait très fort devant la tour. Il monta voir Roumignot pour qu'il lui dise d'arrêter. Il ouvrit la porte en chêne et inspecta la cellule.

— Roumignot, tu m'écoutes ? Dis à ta femme de s'éloigner.

Non seulement Roumignot ne se montrait pas mais on entendait sa chanson qui venait de derrière le pilier.

— Tralalala lalalala dilala tralala.

Toujours la même ritournelle. Fichtoula en eut par-dessus la tête.

— Tralalala lalalala dilala tralala.

Il s'énerva, fit tinter ses clefs et cria :

— Tonnerre, Roumignot, tu n'en connais pas une autre ? Toujours cette chanson !

Fichtoula bondit derrière le pilier pour interrompre Roumignot. Mais de l'autre côté du pilier, il n'y avait que la corneille perchée sur un clou ; elle cligna de l'œil à l'adresse de Fichtoula et chanta en imitant la voix de Roumignot :

— Tralalala lalalala dilala tralala.

Roumignot en profita pour s'esquiver derrière le dos de Fichtoula par la porte ouverte.

Comment Roumignot délivre Manka

Comme le destin de brigand est toujours précaire, peu de temps après, le chevalier Fichtoula tendit un piège à Manka.

Elle était en train de secouer les édredons et les plumes volaient dans la grotte. L'une d'elles entra dans le nez de Roumignot. Il inspira de l'air comme s'il allait souffler dans une cornemuse.

« Atchoum ! »

La cruche en terre qui était posée sur l'étagère tomba et, bing ! se fracassa.

« Oh après tout, se dit Manka, ce n'est qu'une cruche en terre et elle n'a pas d'âme. Je vais à Yitchine en acheter une autre. »

Elle noua un sou dans un coin de son mouchoir et partit. Dans une rue de Yitchine elle entendit une voix qu'elle connaissait bien. Sur le rebord d'une fenêtre, la mère des six pinsons que Roumignot avait couvés dans son pistolet était enfermée dans une cage.

— Me voici maintenant bien malheureuse, Manka, expliqua la maman pinson. Ils m'ont attrapée et je dois chanter pour Fichtoula.

Manka prit la cage, ouvrit la porte et remit le pinson en liberté.

— Comme si cela ne suffisait pas à Fichtoula d'emprisonner les gens !

Mais, hélas, Fichtoula dissimulé derrière les bacs à fleurs de la fenêtre surgit et attrapa Manka par le bras.

— Femme de brigand, tu vas aller à ta place : en prison, dit-il en l'emmenant avec une corde. Il la conduisit dans la cellule où Roumignot avait été enfermé :

— Je te surveillerai mieux que ton brigand !

Puis il redescendit à la porte et chassa d'abord toutes les corneilles. Ensuite il parcourut Yitchine et fit brûler les échelles pour que Roumignot ne puisse pas monter jusqu'à la cellule de Manka.

Manka s'assit à côté de la fenêtre et Roumignot attendit dans la grotte, en vain.

Le soleil était déjà presque couché quand le pinson vint se poser sur la main de Roumignot ; il lui chanta :

— Le chevalier a mis Manka en prison.

Roumignot se leva brusquement de la banquette de mousse.

— J'y cours et je la délivrerai.

— Tu ne pourras pas la délivrer, expliqua le pinson, elle est dans la cellule qui est tout en haut de la tour et Fichtoula a fait brûler toutes les échelles.

— J'apporterai mon échelle, répliqua Roumignot et il coupa à travers champs jusqu'à la route royale de Yitchine.

Quand il arriva à l'allée de peupliers il avisa le plus grand et lui demanda :

— Quel âge as-tu ?

— Environ cent ans, répondit le peuplier.

— Est-ce que ce monde t'intéresse encore ?

— Non, j'ai tout vu et tout vécu.

Roumignot coupa le peuplier, le mit sur son épaule et continua son chemin. Il faisait déjà nuit et le croissant de la lune l'accompagnait fidèlement.

Roumignot appuya le peuplier contre le mur de la tour et grimpa dessus comme à une échelle.

Il retrouva Manka assise près de la fenêtre.

— Me voilà, lui dit Roumignot. Il n'était même pas essoufflé, comme s'il avait marché sur un sentier plat et sablonneux. Manka passa ses bras par la grille et, de joie, le serra si fort que les glands et la poudre qu'il avait dans sa poche tombèrent.

Justement Fichtoula traversait la place, il marchait en se déhanchant avec, à la main, une lanterne allumée et sa hallebarde résonnait en traînant sur le pavé.

Soudain un gland roula à ses pieds.

Un deuxième !

Au troisième, Fichtoula se demanda d'où venaient ces cadeaux.

« Ça alors, devant la prison il pousse un peuplier et il en tombe des glands ! » cria-t-il avant de s'enfuir.

Roumignot essayait de faire sauter la grille. Il s'y accrocha par les mains avec sa force de brigand et il appuya ses pieds sur le mur. Il tira. Manka l'aidait de l'intérieur mais la grille tenait bon.

Roumignot s'arrêta et réfléchit :

— Quand une femme fait un travail d'homme, elle lui prend ses forces. Recule et fais-moi un beau sourire.

Manka s'écarta de la fenêtre et sourit à Roumignot en orange, en violet et en rose.

La pierre dans laquelle était scellée la grille sur sept pouces commença à craquer et à se fissurer. Mais, au pied du peuplier, Fichtoula s'activait aussi. Il avait posé sa lanterne par terre et se servait de sa hallebarde comme hache. Il s'efforçait de couper le peuplier à la base, les copeaux volaient, la hallebarde coupait et Fichtoula s'encourageait :

« Ho hisse ! Ho hisse ! »

Roumignot l'entendit et dit à Manka :

— Tu entends ? Il y a quelqu'un en bas. Écoute : "ho hisse !"

La grille se détacha du mur à cet instant et Manka vola dans les bras de Roumignot comme une hirondelle.

Au même instant Fichtoula arriva aussi à ses fins. Le dernier copeau fut coupé et le peuplier portant Manka et Roumignot oscilla.

— Qu'est-ce que tu as fait, Fichtoula ? s'écria Roumignot.

— Je cueille ce qui est mûr, triompha Fichtoula, je vous cueillerai comme des poires et vous expédierai à Istanbul. Comme ça, vous ne vous échapperez plus de cette prison.

Roumignot et Manka allaient s'écraser sur la dure rue pavée. Ils pensèrent que leur dernière heure avait sonné. Mais la lune se pencha vers eux et leur tendit l'extrémité de son croissant. Roumignot sauta dessus, s'installa comme dans un fauteuil avec Manka à côté. Fichtoula resta impuissant, bouche bée à regarder la lune et ses passagers naviguer dans le ciel en direction de Raholec.

Comment Roumignot rencontre un général prussien

Vint le temps où la Prusse envahit la région de Yitchine. Il plut tellement que les rivières débordèrent et dans la grotte, tout devint humide et mouillé. Une nuit dans l'obscurité, quelque chose fit :

« Pichik ! »

C'était le bruit que fait entendre une jeune fille qui retient un éternuement.

— Manka, c'est toi ? demanda Roumignot.

Il s'assit précautionneusement sur le lit et frotta ses ongles pour allumer un copeau.

A ce moment-là retentit un coup comme si on avait tiré :

« Atchoum ! »

Plus de lumière.

— Roumignot, c'est toi ? dit Manka.

— Oui, s'excusa Roumignot en mettant sa main sur son nez. Demain matin, nous irons à la pharmacie acheter un remède pour le rhume.

A l'aube, ils se rendirent à Yitchine. Ils entrèrent dans la boutique de l'apothicaire Poulver qui se tenait au milieu de flacons et de fioles de toutes sortes. Il confectionnait des pilules sur une planchette, pourtant, il en avait déjà un vase rempli sous le comptoir.

— A-t-on besoin de tant de pilules à Yitchine ? s'étonna le brigand.

— L'armée prussienne est près d'ici et on aura besoin de beaucoup de pilules, répondit Poulver, que désirez-vous ?

— Atchoum ! répondit Roumignot.

L'apothicaire hocha la tête et lui donna un sachet.

— Voici de la poudre contre les éternuements, cela coûte treize sous.

Roumignot retourna sa poche et n'y trouva que sept sous. L'apothicaire ne voulut rien savoir. Il fronça le nez, reprit le sachet de poudre et donna à Roumignot et à Manka une petite boîte ronde.

— Voici un remède formidable pour les brigands. En plus, cela ne coûte rien.

Roumignot et Manka prirent la boîte et sortirent.

Poulver monta dans son logis au-dessus de sa boutique et dit à sa femme :

— Il me restait un peu de cette poudre détonnante pour faire exploser les pierres. Si les Prussiens l'avaient trouvée, j'aurais pu avoir des ennuis. Je m'en suis débarrassé.

Roumignot et Manka venaient de quitter le village quand le nez de Roumignot le chatouilla.

— Manka, vite, la poudre, dit-il et il inspira de l'air comme pour souffler dans une cornemuse. Manka ouvrit la boîte, versa un peu de poudre dans la paume de Roumignot et il la respira. Mais cela ne le soulagea pas du tout : il devint tout rouge comme s'il avait le tonnerre en lui. Il eut à peine le temps de prononcer :

— Vite, Manka, tourne mon nez vers un endroit désert ! Manka fit pivoter son nez vers le terrain d'exercices militaires. Cela lui bouillonnait à l'intérieur de plus en plus fort et le coup partit, traversa le terrain comme une tornade. Toutes les pierres du chemin furent arrachées ainsi que l'herbe. Dans le ciel les nuages furent bousculés. Presque un ouragan. Roumignot, en nage, s'essuyant le nez du revers de la main déclara :

— Sacré Poulver !

Manka conseilla d'enterrer la poudre pour qu'elle ne produise pas encore quelque malheur.

Il y avait une borne et ils s'apprêtaient à cacher la boîte ronde dessous pour toujours quand soudain une voix derrière eux ordonna :

— Halte !

Roumignot se retourna et vit un cheval. Il était monté par un général prussien.

— Arrêtez ! Vous n'allez rien enterrer du tout, reprit le général, en menaçant Roumignot de sa main gantée de chevreau. Il lui confisqua la boîte et ajouta :

— Je ne suis pas venu de Prusse pour voir quelqu'un enterrer une chose aussi précieuse.

Roumignot était furieux qu'un étranger lui donne des ordres.

— Je voudrais bien savoir alors pourquoi tu es venu de Prusse ?

Le général sauta à terre.

— Je suis le plus important général de canonniers et le roi Froidsec m'envoie repérer le meilleur endroit pour tirer sur Yitchine.

Pendant cette conversation cela recommençait à fourmiller à l'intérieur de Roumignot. Quand le général tourna le nez de Roumignot dans la direction de Yitchine, celui-ci était tellement embarrassé qu'il n'eut pas le temps de prononcer un mot et encore moins de faire un geste de la main. C'est alors que le général versa une grosse quantité de poudre dans sa paume et l'agita sous le nez de Roumignot.

— Maintenant tu vas tirer sur Yitchine ! ordonna-t-il et il souffla toute la poudre dans le nez de Roumignot. Roumignot bégaya, rougit et sentit que cela grondait en lui et que se préparait un coup terrible. Il ne put que crier :

— Mais je vais tirer sur Yitchine !

Manka bondit à la dernière seconde fit pivoter Roumignot vers la colline de Jebine.

Le coup explosa.

Yitchine fut intact mais depuis ce jour, à la place de la colline de Jebine, il y a un grand fossé.

« C'est mieux que si c'était tombé au milieu des gens », se dit Roumignot.

Il installa le général sur sa selle, frotta ses ongles sous la queue du cheval du général. Tous les deux partirent à fond de train et ne s'arrêtèrent que dans l'écurie du roi Froidsec.

Comment Roumignot se procure du sel

Comme Roumignot n'était pas tout à fait remis de son rhume, ni de la méchanceté du général prussien, Manka lui fit une soupe aux sept usages : la préférée des brigands. On en mange une portion au petit déjeuner, une autre au déjeuner, la troisième au dîner, la quatrième, on en tartine ses semelles, la cinquième sert à astiquer les pistolets, la sixième éteint le feu et la septième, c'est pour boire la nuit quand on a soif. Manka faisait donc cuire la soupe et Roumignot tournait autour du chaudron. Il goûta la soupe et dit :

— Il n'y a pas assez de sel.

— Alors va sur le chemin guetter un marchand pour lui prendre une pincée de sel.

Roumignot passa à sa ceinture son pistolet chargé d'un gland et se cacha dans les buissons sur le chemin qu'empruntaient les marchands de sel pour aller à Yitchine. Il se coucha et attendit mais pas de marchand. Roumignot allait rentrer et manger sa soupe pas assez salée quand il vit dans le lointain un étrange jeune homme. Il était habillé comme pour allez au bal et il dansait sur le chemin en soufflant dans un fifre.

Roumignot voulut le voir de plus près mais, à peine avait-il sorti sa tête de brigand des fourrés, que le jeune homme sursauta de frayeur et, en un instant, fut terrassé par l'effroi. Il était donc là, inerte dans la mousse et Roumignot resta debout en se demandant quelle plante pourrait faire revenir à lui le jeune homme.

Manka arriva sur ces entrefaites.

— Roumignot, as-tu le sel ?

— Regarde, j'ai fait une sale blague, répondit Roumignot et il montra le jeune homme sans connaissance. Ils tentèrent de le ranimer mais en vain. Comme ils ne savaient rien de lui, Manka prit la lettre qu'il avait dans sa poche.

— Roumignot, c'est un professeur de danse, de musique et de bonnes manières. Je lis qu'il doit se rendre à Yitchine chez l'armurier Grossou, aujourd'hui au plus tard, pour donner des leçons à sa fille Elisabeth.

Roumignot examina pensivement le pâle jeune homme.

— Je crains qu'il ne puisse danser. Mais je ne le laisserai pas dans le malheur. Tant qu'il n'est pas remis sur pied, je le remplacerai chez l'armurier.

A ces mots, Manka faillit s'évanouir.

— Ce ne sera pas si difficile que ça, continua Roumignot et il fit à Manka une superbe révérence.

Manka le frictionna avec une poignée de paille, lui démêla les cheveux et la barbe à l'aide du peigne à myrtilles et le poussa en riant sur la route de Yitchine :

— Débrouille-toi au moins pour rapporter une pincée de sel pour la soupe !

Roumignot arriva devant la porte de l'armurier. Il cracha sur ses bottes et les fit briller avec sa manche. Puis il frappa à la porte à petits coups, cela résonna dans le couloir comme un coup de canon.

La porte s'ouvrit et apparut une jeune fille, les cheveux tressés et vêtue d'une robe à volants.

— Tu es Elisabeth ? s'enquit Roumignot de sa voix la plus doucereuse.

— Oui, mais maman est sortie.

— Cela ne fait rien, dit gaiement Roumignot, je viens t'apprendre le piano, la danse et les bonnes manières.

Elisabeth l'emmena au salon où était le piano.

— Nous allons d'abord commencer par la danse. Il installa Elisabeth au piano, enfonça son chapeau d'écorce sur sa tête et adressa une prière au patron des cordonniers pour ne rien casser.

— Je vais danser le premier et après ce sera ton tour.

Elisabeth joua un air sirupeux au piano. Roumignot prit la mesure et sauta en l'air en faisant claquer ses talons l'un contre l'autre comme des ciseaux. La musique était douce mais comme Roumignot faisait des pas de brigand, la maison trembla de la cave au grenier.

— Tu joues trop lentement, dit Roumignot à Elisabeth et j'en oublie les pas de danse.

Mais, dès que Roumignot se mit à jouer du piano à la manière des brigands, les marteaux prirent leur envol comme des oiseaux.

Elisabeth éclata en sanglots. Qu'allait dire sa mère quand elle rentrerait ?

— Ne pleure pas, ce que je casse, je le répare. Il alla à la fenêtre, se pencha dehors doucement et, avec son habileté de Roumignot, attrapa au vol huit oiseaux. Chacun d'eux était accordé différemment et Roumignot les installa les uns derrière les autres dans le piano. Le pinson tout en haut car il pépiait comme un ténor et le pigeon à la voix de basse, tout en bas.

Elisabeth prit une pause de danseuse et Roumignot s'adressa aux oiseaux :

— Tout doucement.

Le piano joua comme si les oiseaux s'éveillaient d'un songe, c'était une musique si douce que Roumignot dut mettre sa main à l'oreille pour entendre.

Sur cette mélodie, Elisabeth dansa comme une ballerine. Roumignot battait la mesure et se réjouissait d'avoir su si bien remplacer le jeune homme. C'est à ce moment que la porte s'ouvrit.

C'était l'armurier Grossou. Il se mit la main sur la bouche en apercevant le brigand dans le salon. Pour prouver qu'il était tout à fait capable de remplacer le professeur de danse, de musique et de bonnes manières, Roumignot s'avança à la rencontre de Grossou et lui fit une révérence espagnole. Mais, en se penchant, il se prit le pouce dans la détente du revolver hollandais et tira.

— Quel beau coup, s'écria l'armurière toute contente. Depuis quinze ans que je suis la femme d'un armurier, je n'avais encore jamais entendu une si jolie détonation. Combien vous dois-je pour cette leçon de musique et de danse donnée à ma fille ?

— Un sac de sel, répondit Roumignot.

En bas, à la porte, il rencontra le pâle jeune homme qui rougit et se dépêcha de monter.

Roumignot apporta le sac de sel, à Manka. Elle sala la soupe aux sept usages et ils mangèrent de bon appétit.

Comment Roumignot remet l'arc-en-ciel à sa place

Après le passage des Prussiens, les grandes pluies cessèrent et Manka sortit chercher de l'eau à la source. Au bout de quelques pas, elle s'arrêta et appela :

— Roumignot, regarde ! je n'ai encore jamais vu cela.

— Moi, non plus, s'écria Roumignot qui était accouru aussitôt.

Un arc-en-ciel avait poussé dans la source. Il inclinait son arc depuis Raholec par-dessus la colline de Jebine jusqu'à la place de Yitchine.

— Est-ce qu'il va s'envoler ? demanda Manka à voix basse en s'approchant de l'arc-en-ciel sur la pointe des pieds.

L'arc-en-ciel ne bougea pas et continua à irradier.

— Je vais te montrer quelque chose.

Manka commença à faire quelques pas devant l'arc-en-ciel. Des pieds à la tête elle prit les couleurs les plus délicates. Mais ce fut son seul tête à tête avec l'arc-en-ciel ; tout à coup, il fut arraché de la source. Petit à petit il s'éleva dans les airs, il essayait bien de se retenir mais il ne pouvait s'arrêter.

— Il doit se passer quelque chose à l'autre bout, en conclut Manka.

— Je voudrais bien savoir quoi, dit Roumignot et il grimpa tout en haut du chêne.

On voyait jusqu'à la place de Yitchine. Après la pluie, elle était déserte. Seul, le marchand Arnak se tenait devant son échoppe avec des ciseaux ; il était occupé à dévider l'arc-en-ciel pour en mesurer la longueur. Roumignot dégringola du chêne comme un fou.

« Il faut faire quelque chose. Sinon, il n'y aura plus d'arc-en-ciel pour les prochaines averses. »

Il frotta ses bottes avec ses manches et s'en fut sur la route royale qui mène à Yitchine. En passant sous la porte fortifiée, Roumignot aperçut Pataugas. Comme le prince était toujours enfermé dans le donjon et qu'il fallait un représentant du roi dans l'hôtel de ville, la princesse avait rappelé Pataugas à son poste.

Pataugas, vêtu d'un pantalon neuf arc-en-ciel, traversait la place.

« Ça alors ! Arnak ne s'en fait pas. Il vole des morceaux d'arc-en-ciel et les vend, pensa Roumignot, il va falloir se dépêcher d'agir. »

Le maire Pataugas se dirigea vers l'hôtel de ville et Roumignot le suivit de près sans faire de bruit. A la porte de l'hôtel de ville, Pataugas se retourna. Il vit Roumignot et, en montant les marches, lui dit :

— Est-ce tu n'es pas encore en train de me jouer un tour ? Tu t'es bien moqué du prince.

Mais bientôt le piège se refermera. La princesse est rentrée de Kopidla et elle a fait appeler un serrurier de Flamsek pour délivrer le prince.

Roumignot ne répondit rien, il fit un signe de la main et, d'un bond silencieux, s'approcha de l'échoppe d'Arnak. On avait déjà installé un étal au pied de l'arc-en-ciel et il y en avait une bonne longueur : Arnak avait coupé quelques aunes d'arc-en-ciel et posé un écriteau annonçant :

UNE AUNE POUR DEUX FLORINS

La marchande Arnakine apparut sur le seuil et cria à la ronde :

— Quand mon homme aura terminé, nous vendrons à tout le monde, pauvres ou riches.

Roumignot ne put se retenir davantage et surgit dans la boutique. Derrière le comptoir, Arnak était en train de couper un morceau d'arc-en-ciel. Roumignot donna un coup de poing sur la table :

— Ça suffit ! Viens avec moi et rends à l'arc-en-ciel ce que tu lui as dérobé.

— Mais oui, c'est ca, répliqua le marchand et en guise de réponse il fit un pied de nez avec ses ciseaux.

— Tu as l'intention de vendre de la marchandise volée au ciel ? s'exclama Roumignot en essayant de rester calme.

— Je n'aime pas qu'un brigand me tienne un tel discours, grogna Arnak et il continua à couper.

Roumignot dégaina son pistolet.

— Tu vois, c'est un pistolet. Je vais tirer, tu seras mort et je rapporterai tout à l'arc-en-ciel.

— Tu ne pourras pas tirer, fit Arnak sans s'arrêter de couper, parce qu'un arc-en-ciel est très humide. Il y a longtemps qu'il a rendu ta poudre inutilisable.

Roumignot visa dans un coin et tira. Aucun coup ne partit.

— Tu vois bien, ricana Arnak en se remettant à couper. Roumignot rengaina son pistolet et sortit de la boutique. Sur la place il s'appuya à la fontaine et réfléchit à ce qu'il pourrait faire.

Midi sonna à la tour.

La porte de l'hôtel de ville s'ouvrit, Pataugas apparut et regarda quel temps il faisait. Puis, comme chaque jour, il fit le tour de la place.

Roumignot l'observa depuis la fontaine et, soudain, il eut une idée de génie. Tout doucement il traversa la place et se cacha derrière la colonne de l'arc-en-ciel près de l'échoppe d'Arnak.

Quand Pataugas passa avec son air digne, Roumignot subtilisa habilement et le pantalon du maire et sa dignité. Pataugas poussa un cri et entra en trombe chez Arnak :

— Qu'est-ce que tu m'as vendu ? demanda-t-il sur le seuil. Je n'ai jamais vu un tissu d'aussi mauvaise qualité. Je ne sais pas s'il y avait du vent ou quoi. Tu m'as vendu un mauvais produit et moi, à cause de lui, j'ai perdu mon pantalon et une fois de plus ma dignité ! Pour le pantalon, cela te coûtera sept florins, et pour ma dignité de maire, trois cents.

Oui, mais Arnak ne voulait pas payer et le maire était toujours sans pantalon. A la fin il en eut assez. Il siffla un grand coup et le chevalier Fichtoula arriva avec deux sbires.

— Allez Arnak, en prison !

Cependant Roumignot ne perdit pas de temps : en silence il rembobina l'arc-en-ciel qui se trouvait sur le comptoir et le mit sous sa chemise. Un arc-en-ciel c'est tellement fin qu'il put en faire tenir quatre vingt onze mètres autrichiens. Puis il sortit de la boutique comme si de rien n'était.

Manka avec une aiguille recousit les morceaux d'arc-en-ciel sur toute sa longueur. Roumignot le remit ensuite dans le ciel mais il suréleva de deux mètres l'extrémité qui se trouvait sur la place pour qu'Anark ne puisse plus l'atteindre.

Comment les bottes de Roumignot le poussent à l'honnêteté

Il y avait déjà trois ans que Roumignot était brigand. Dehors la lune brillait mais dans la caverne où dormaient Roumignot et Manka il faisait nuit noire. Tout à coup on entendit un baillement sonore.

— C'est toi, Roumignot ? demanda Manka.

Roumignot se retourna sur le lit fait de rondins.

— Mais non.

— Pourvu qu'un loup ne soit pas entré dans la grotte !

Manka se leva, alluma un copeau et inspecta tous les coins. Roumignot éclaira sous le lit.

— Ça vient de là !

Sous le lit, il y avait les belles bottes que Roumignot avait fabriquées de ses propres mains et qu'il avait portées depuis trois années. La droite baillait tant qu'elle pouvait. Roumignot s'assit, posa les pieds par terre en frottant ses talons l'un contre l'autre et en remuant les orteils pensivement.

— Où vais-je trouver de nouvelles bottes ?

— Si tu habitais au village, tu irais en acheter, dit Manka, mais tu es un brigand. Attrape un cordonnier quand il traversera la forêt et prends-lui ses bottes.

Roumignot soupira, se renfrogna tellement que sa moustache se mit à bouger au-dessus de sa barbe comme un nuage noir. Il sortit de sa casaque en cuir un petit livre attaché par un ruban et s'assit tout près du copeau.

— Regarde bien, Manka, c'est mon livre d'apprentissage. Et ça, c'est mon diplôme de cordonnier. Eh bien, je te dis franchement que je ne veux pas, moi brigand, mettre la main sur un cordonnier.

— Roumignot, tu ne vas quand même pas courir pieds nus dans la forêt ! s'inquiéta Manka.

— Bien sûr que si, répliqua Roumignot.

Le lendemain matin les bottes n'étaient pas en meilleur état, la droite baillait de plus en plus. Le marteau de Roumignot gisait à Yitchine, dans la boutique, au pied de la tour et il n'avait rien pour réparer sa botte.

A l'aube toute la forêt de Raholec savait que Roumignot allait apprendre à marcher pieds nus. Les cerfs et les écureuils étaient venus voir, l'aigle s'était installé sur un rocher et les oiseaux dans les branches, les vipères et les lézards rassemblés sur les pierres regardaient pleins de curiosité.

Au lever du soleil, Roumignot déclara :

— Bon, je vais m'y mettre.

Il posa son pistolet. Manka fit un signe de croix et Roumignot fit un premier pas dehors. Il heurta une pierre du pouce. Au deuxième pas, il s'emmêla les pieds à cause d'un hérisson. Il préféra ne pas en faire un troisième. Il s'assit sur une souche.

— Je ne veux pas être la risée de tous les animaux de la forêt.

Manka eut pitié de lui.

— Je ne survivrais pas si tu devais te casser un orteil, dit-elle, j'aime mieux y aller et tout raconter au cordonnier.

Elle se mit en route vers la croisée des chemins sous le chêne, là où passent les marchands.

Quand elle y parvint, Manka cueillit une poignée de myrtilles et s'en barbouilla la figure pour ressembler à un brigand. Elle posa une autre poignée en réserve sur une grosse pierre. Elle ne possédait pas de pistolet mais elle essaya le geste que Roumignot faisait pour subtiliser les objets comme elle l'avait vu faire.

Soudain elle vit quelqu'un qui venait de Yitchine. C'était le marchand de chaussures Hadatko. Dans une hotte qu'il portait sur l'épaule Hadatko avait des paires de chaussures. Ce n'étaient pas n'importe quelles chaussures ; elles portaient une étiquette en tchèque, en allemand et en français.

CE SONT D'HONNÊTES SOULIERS TCHÈQUES,
C'EST POURQUOI
ILS SONT SOLIDES ET JOLIS

Le marchand Hadatko avait l'intention d'aller les vendre en Autriche et en Suisse. Il approchait de Manka et ses honnêtes souliers ballotaient dans la hotte.

C'est alors que Manka sortit des fourrés. Hop ! Hop ! elle tira les bottes par la tige et, en un instant, la hotte fut vide.

Le marchand ne s'aperçut de rien et continua. Manka courut rejoindre Roumignot.

— Maintenant tu as de quoi te chausser.

Roumignot examina les bottes neuves de tous les côtés, les palpa et en bégaya presque de joie.

— Nom d'une pipe, c'est du beau travail.

— Alors essaye-les, fit Manka et elle l'aida à les enfiler.

Roumignot se mit debout, fit bouger ses pieds à l'intérieur et soupira d'aise :

Il fit un pas, un deuxième, un troisième. Il voulut s'arrêter pour exprimer sa joie. Mais les bottes continuèrent toutes seules. Impossible de leur faire entendre raison. Roumignot essaya de crier après, puis de les prier gentiment, mais les bottes avançaient toujours. Elles emmenèrent Roumignot à travers la forêt jusqu'à Yitchine.

— Manka, je ne peux pas les retenir ! criait Roumignot. Les étiquettes qui disaient que ces bottes étaient les plus honnêtes, lui voletaient autour des chevilles. Manka courait derrière Roumignot. Les bottes allèrent bon train sur la route royale, suivirent la rue de l'auberge *A la ville de Hambourg* jusqu'à la porte fortifiée et là, s'arrêtèrent. Juste devant la boutique où l'on avait placardé l'avis :

POUR OUTRAGE AU PIED DU MAIRE
FERMÉ A PERPÉTUITÉ

« Il faut peut-être que je les enlève », se dit

Roumignot et il attendit un instant pour savoir ce qu'en pensaient les bottes.

Celles-ci trépignèrent sur place pour indiquer que c'était ce qu'il fallait faire. Ensuite elles quittèrent d'elles-mêmes les pieds de Roumignot, firent demi-tour et filèrent retrouver Hadatko à qui elles appartenaient.

Roumignot attendit Manka et ils enlevèrent l'avis. Ils allèrent directement dans l'atelier. Tout y était resté exactement comme trois ans auparavant quand Roumignot avait dû tout abandonner pour outrage au pied de Pataugas.

Roumignot prit son tablier vert, s'assit sur le tabouret, cala contre son genou la botte abîmée avec son tire-pied et commença à marteler.

Pendant ce temps-là, Manka avait allumé le poêle dans la cuisine et, installée sur un banc, elle essayait de se remémorer une recette de soupe.

Tout à coup, le marteau s'arrêta dans l'atelier ; Manka accourut.

— Qu'est-ce qui se passe, Roumignot ?

Celui-ci regardait le marteau resté en l'air et il dit :

— J'étais en train de me demander s'il restait encore assez de justice pour qu'il me soit accordé le droit d'exercer cet honnête métier qui est le mien.

Comment Roumignot redevient brigand

Roumignot avait repris son métier de cordonnier depuis presque trois semaines, quand, un beau matin, une nouvelle se propagea à Yitchine : on racontait que le serrurier que la princesse avait fait venir de Flamsek, avait forgé un crochet spécial pour délivrer le prince enfermé dans le donjon.

« Je voudrais bien voir s'il va y arriver », pensa Roumignot en hochant la tête et il se remit à poisser son fil.

A midi le bruit courut que la porte en fer avait été ouverte. Le prince s'était précipité dehors en fulminant, suivi de son valet Frisek.

Le soir, tous apprirent que trois Monténégrins étaient arrivés à cheval. C'étaient de rudes gaillards venus d'un pays situé au bord de la mer, quelque part au sud. Ils avaient des moustaches taillées en lances et personne ne comprenait leur langue. C'est la princesse Marjolaine qui les avait fait venir mais personne ne savait au juste pourquoi.

Cette nuit-là, Roumignot eut un sommeil agité. Il se retournait sans cesse dans son lit comme une carpe dans les roseaux, si bien que Manka finit par lui demander :

— Quelque chose ne va pas ?

Roumignot s'éveilla tout à fait et répondit :

— Je ne peux pas dormir. Mon instinct de brigand me tient en éveil, mais je voudrais savoir pour quelle raison.

— C'est un souvenir du temps où tu étais brigand, soupira Manka un peu soulagée. C'est du passé tout cela. Dors.

A peine avait-elle dit ces mots, que l'on entendit des pas dans la rue. Roumignot chuchota à l'oreille de Manka :

— Quelque chose se prépare !

Il courut à la fenêtre. La nuit tirait à sa fin, la lune déclinait mais le soleil n'était pas encore levé. Les trois Monténégrins traversaient la place. Ils s'éloignaient du village par la route et chacun portait une scie sur une épaule et une hache sur l'autre.

« Je voudrais bien savoir où ils vont de si bonne heure, murmura Roumignot et il se prépara à sortir. Il vaut mieux que j'aille les surveiller. »

A ce moment-là, on poussa brusquement la porte de la cordonnerie : c'était Frisek.

— Tu n'iras nulle part, Roumignot, grogna-t-il, le prince veut des bottes, dépêche-toi ! Voici un morceau de peau tannée.

Il jeta la peau sur l'établi devant Roumignot et sortit en claquant la porte.

Quand le prince donne un tel ordre, le cordonnier n'a plus qu'à obéir. Roumignot mesura la peau sans se presser, découpa le dessus de la botte et commença à coudre. Mais il ne pouvait s'empêcher de songer à toutes sortes de choses.

« Tout d'abord les Monténégrins et puis ces bottes que je dois fabriquer immédiatement, qu'est-ce que tout cela signifie ? »

Il continua à réfléchir :

« C'est exactement comme si le prince voulait m'obliger à rester ici, rivé à mon tabouret. »

Comme il ne pouvait abandonner la commande du prince il appela Manka :

— Cours voir ce que mijotent ces Monténégrins.

Manka les rejoignit et les suivit.

Roumignot termina de coudre le dessus de la botte, il la posa sur l'ourdissoir et se mit à marteler la semelle. C'est alors que le pinson entra par la fenêtre ouverte. Roumignot regarda l'oiseau attentivement en essayant de se souvenir où il l'avait vu.

— J'ai l'impression que je te connais. En effet, c'était un des six petits pinsons que Roumignot avait réchauffés dans son pistolet. Mais l'oiseau, sans prendre le temps de répondre, pépia :

— Manka te fait dire que le prince veut abattre toute la forêt de Raholec !

— Quoi ! Cela explosa comme un coup de tonnerre. On tuerait cette forêt que j'aime tant !

Il envoya promener les bottes d'un côté, le marteau de l'autre. Il bondit vers le coffre, saisit ses vieux habits de brigand qui pendaient à un clou : sa casaque de cuir, son pantalon, son chapeau en écorce. Il les mit, passa son pistolet à sa ceinture. C'en était fini du métier de cordonnier. Il claqua la porte derrière lui, écrivit un nouvel avis sur ses genoux et le cloua lui-même sur la porte :

POUR INFRACTION AUX LOIS
DE PROTECTION DE LA FORÊT
DE RAHOLEC,
JE SUIS REDEVENU BRIGAND

Puis il courut plus qu'il ne marcha sur la route royale vers Raholec. Manka l'attendait au bord du chemin. Elle lui montra la forêt :

— C'est la dernière heure de Raholec. Au milieu des arbres il y avait les Monténégrins avec leurs scies et leurs haches et, sur la colline, un peu plus loin, le prince qui cria avec son accent français :

— Krachez !

A ces mots, les Monténégrins crachèrent dans leurs mains et prirent leurs outils. Le cœur de Roumignot cessa de battre et puis se mit à cogner comme un battant de cloche.

— Tonnerre de Dieu, je ne peux pas voir cela, je vais tirer !

Il dégaina son pistolet.

Le prince frappa dans ses mains et expliqua aux Monténégrins :

— Quand je dirai fric-frac, en avant les scies et les haches !

Roumignot visa et tira. Le pan du manteau princier fut brûlé. Mais ce n'était qu'un début ; il sautilla, hop ! hop ! et sonna dans une trompe pour appeler les chasseurs de Yitchine.

— Tra-ra !

— Alors, qu'est-ce qu'on fait, demandèrent les Monténégrins.

— Vous n'allez pas tarder à le savoir, cria Roumignot. Il cueillit un brin d'herbe et siffla un air de pinson. Ensuite, il grogna dans son chapeau en imitant le sanglier. En soufflant dans sa paume il brama comme le cerf.

Les pinsons piquèrent sur les Monténégrins en visant les yeux. Les sangliers grattèrent le sol de leurs sabots et chargèrent dans les jambes des Monténégrins. Les cerfs arrivèrent au trot, et avec leurs bois, expulsèrent les Monténégrins. C'est ainsi que les Monténégrins moustachus se retrouvèrent à la frontière.

Roumignot tempêta :

« Je le savais. Il n'y a plus de justice dans ce bas monde. Si tu veux être cordonnier, on te force à être brigand ! »

Il écarta les banches du chêne et ils retournèrent, Manka et lui, dans leur caverne de brigand.

Comment Roumignot s'occupe de la réserve à faisans du prince

Le prince s'était ridiculisé et il dut renvoyer les Monténégrins dans leur pays situé au bord de la mer, quelque part au sud. Dans tout le village on racontait que les cerfs les avaient chassés et tout le monde se moquait d'eux.

Le prince ne garda au château qu'un étranger. C'était un chasseur qui avait le curieux nom de Lamouche. Il portait un bandeau sur les yeux parce que, disait-il, il n'avait pas besoin de voir. En effet, il possédait un fusil qui atteignait son but à tous les coups, même sans viser. Le prince voulant faire oublier combien il avait été ridicule, convia un grand nombre d'invités et donna des ordres au chasseur Lamouche :

— Va à Raholec et tue-moi soixante-dix-sept faisans, la princesse Marjolaine en a besoin pour le banquet que nous donnons.

Lamouche s'en fut. Roumignot, en signe de paix, lui envoya Manka. Elle rencontra Lamouche au moment où il traversait les champs. Le chasseur tenait son fusil et il avait cet étrange bandeau devant les yeux, mais Manka, audacieuse, osa pourtant lui parler :

— Ne va pas à la chasse aux faisans à Raholec.

— Sur l'ordre de qui ?

— Sur l'ordre de Roumignot.

— Je vais peut-être bien le tuer celui-là, s'écria Lamouche en éclatant de rire.

Manka essaya autre chose

— As-tu déjà vu un faisan ?

— Comment aurais-je pu avec un bandeau sur les yeux ? Lamouche éclata de rire encore une fois, mais j'en ai tué des tas.

Manka lui demanda avec sa douceur habituelle :

— Tu ne regrettes pas d'avoir tué de si belles bêtes ?

— Pour celui qui a les yeux bandés qu'est-ce que ça signifie la beauté ?

Sur ces mots, Lamouche contourna Manka et pousuivit sa route vers Raholec.

Roumignot, pendant ce temps, s'occupait des faisans. Ils s'étaient installés sur les branches des arbres. Ils avaient entendu dire que Lamouche venait les tuer et ils avaient très peur.

— Ne craignez rien, les rassura Roumignot, je vais grimper sur l'arbre et quand je ferai claquer ma langue, que le plus courageux d'entre vous s'envole et fasse le tour du chêne. Après, vous verrez.

Mais, juste à ce moment-là, Lamouche bondit dans la clairière. Il mit en joue son fusil, cherchant à percevoir le bruissement d'une aile de faisan.

Roumignot fit claquer sa langue, un des faisans s'envola vers lui.

Lamouche visa et tira.

Avant que les plombs n'atteignent le faisan, Roumignot l'attrapa par les ailes et le cacha dans sa chemise. Pendant ce temps, Lamouche attendait en bas, sous le chêne, que le faisan tombe dans l'herbe. Mais, à la place de l'oiseau, ce fut Roumignot qui sauta, il arracha le bandeau de Lamouche.

Lamouche cligna des yeux, examina Roumignot et s'exclama :

— C'est le plus gros faisan que j'aie jamais tué !

— Mais qui es-tu derrière ce bandeau ? lui dit Roumignot, si tu ne le portais pas, tu saurais reconnaître un faisan d'un Roumignot !

Il sortit le faisan de sa chemise :

— Dis-moi donc : quel est cet oiseau ?

— Je ne sais pas, répondit Lamouche, mais en tout cas c'est un très bel oiseau.

— Tu ne sais pas que c'est un faisan ?

Lamouche pâlit, ce qui, pour un chasseur, est pire que de rougir de honte. Charmé, il contempla le faisan.

— Je tuais ces oiseaux ! Je ne me servirai jamais plus de mon fusil pour le prince.

Il donna son fusil à Roumignot. Celui-ci le comprima avec sa force de Roumignot tant et si bien qu'il devint une flûte. Roumignot redonna la flûte à Lamouche et secoua les abeilles de sa barbe.

— Assieds-toi sur cette souche et garde-moi mes abeilles.

Voilà donc Lamouche assis sur la souche, en train de jouer de la flûte et de garder des abeilles dans la réserve à faisans du prince.

Quand le prince apprit cela, il se précipita dans la forêt et demanda à Lamouche où étaient les faisans qu'il devait tuer pour les invités. Lamouche ne pipa mot, mais joua sur la flûte un air très aigu. Les abeilles se ruèrent sur le prince.

Une soixantaine d'aiguillons le piquèrent. A Yitchine on raconte que le maçon dut enlever une colonne de briques des deux côtés de la porte afin que le prince put entrer dans le château tellement il était enflé.

La princesse Marjolaine fut vraiment très en colère que les invités n'aient que du bœuf à manger. Quand le banquet fut terminé, elle dit au prince :

— Votre Roumignot me met hors de moi. Puisque vous n'arrivez à rien je vais trouver un plan, moi.

La princesse alla s'asseoir dans une chambre sombre et elle y resta fort longtemps.

Comment le prince tend un piège au cerf pour capturer Roumignot

Roumignot était l'ami de tous les oiseaux et de tous les quadrupèdes de la forêt de Raholec, mais celui qu'il préférait c'était le cerf. Il était de très grande taille et portait des andouillers de trente-six ans. Roumignot le protégeait des chasseurs du prince et le cerf, en retour, lui rendait de bons services.

Quand la princesse Marjolaine sortit de la chambre sombre, elle conseilla de chasser le vieux cerf : c'était sa vengeance.

Le lendemain était un vendredi. Manka avait fait la lessive et, comme elle finissait de rincer le linge dans le ruisseau, elle appela dans la forêt :

— Où es-tu, Roumignot, il faut faire sécher le linge.

— Je viens, repondit-il, et il arriva sur le dos du cerf.

Les andouillers de trente-six ans qu'il portait sur la tête faisaient comme la ramure d'un arbre.

Roumignot s'arrêta au bord du ruisseau et tout se déroula selon le rituel habituel.

Manka lui lançait les pièces de linge et il les accrochait aux andouillers du cerf. Quand il eut tout suspendu, Roumignot saisit les ramures, donna une tape sur la cuisse du cerf et l'encouragea de la voix :

— Ouah ouh !

Le cerf galopa, le vent souffla dans sa ramure et le linge sécha.

Tandis que le cerf traversait une petite clairière, quelqu'un tira. Le cerf s'arrêta net et piaffa. Le prince en personne était sous un hêtre avec son fusil.

Le cerf fila au triple galop. Le linge flottait comme un drapeau.

Quand le prince vit qu'il ne l'avait pas touché, il le poursuivit à pied.

Pendant ce temps-là, Manka avait installé la planche à repasser et Roumignot faisait chauffer le fer dans le feu. C'est alors qu'arriva le cerf et, juste derrière lui, le prince. Il s'adressa à Roumignot d'un ton hautain :

— Tu peux aller acheter un fil à Yitchine, Roumignot.

— Pourquoi faire ? s'étonna Roumignot.

— Pour étendre ton linge, et le prince continua à parler sur ce ton méprisant, parce que je vais emmener ce cerf dans le parc du château pour qu'il fasse la parade.

— Certainement pas ! déclara Roumignot calmement.

— Je l'ordonne par arrêt du prince ! Le prince se mit à trépigner dans la boue qui gicla et souilla le linge tout propre qui séchait sur les ramures du cerf.

Manka arracha une harde avec laquelle elle fouetta le prince. Celui-ci n'avait pas l'habitude d'être traité de cette manière. Il bégaya et s'en fut en courant.

Roumignot et Manka rassemblèrent le linge et le nettoyèrent encore une fois.

Pendant qu'ils repassaient, le cerf ne cessait de piaffer, enfin il soupira :

— J'y vais. Je dois aller à Yitchine.

Ses sabots ne tenaient plus en place, comme si on le tirait.

— Mais dis-moi, s'il te plaît, ce que tu veux aller faire à Yitchine, lui demanda Roumignot gentiment.

— Le prince m'a eu, expliqua le vieux cerf tristement, tu n'as qu'à jeter un coup d'œil au sommet de la tour fortifiée.

Roumignot sortit une longue vue et regarda. Le prince était sur le chemin de ronde et il tendait au cerf un chou rouge.

Le vieux cerf piétina et s'élança à Yitchine à toute allure.

— Le prince et la princesse ont eu une excellente idée, approuva Roumignot, amer, aucun cerf ne peut résister à un chou rouge.

Manka fut désolée d'apprendre que l'on allait exhiber le cerf comme un singe dans le parc du château. Cela fit bondir Roumignot.

« Je ne les laisserai pas faire ça ! » et il courut après le cerf.

Il ne le rejoignit que loin dans les champs. Il sauta sur son dos et ils galopèrent à travers champs puis sur la route royale jusqu'à Yitchine. Quand ils furent en vue du prince, Roumignot se dissimula derrière les ramures du cerf.

Là-haut le prince sautillait de joie, voyant que tout se déroulait suivant son plan. Il montrait toujours le chou rouge au cerf pour qu'il ne s'arrête pas. Le valet Frisek se tenait à côté du prince, il avait lui aussi un chou rouge. On ne sait jamais.

Le cerf vola littéralement jusqu'à la tour. Quand il se cabra pour essayer d'attraper le chou, là-haut, le prince lui dit d'un ton mielleux :

— Tu dois passer sous la tour par la porte, puis traverser la place jusqu'au parc du château. Là, je te donnerai le chou.

« Roumignot ! A toi de jouer ! » Il jeta un coup d'œil par-dessus les ramures et murmura :

« Puisque le prince veut que nous prenions cette direction, allons-y. »

Il éperonna le cerf avec ses talons. L'animal se précipita de toutes ses forces de cerf de trente-six ans. Il visait la place mais ses andouillers accrochèrent la tour quand il passa dessous. Toute la tour chancela. Le prince tomba dans les douves et pendant toute une semaine eut le tournis.

Roumignot, avec sa grande force de petit brigand, aida le cerf à sortir de là ; il le ramena ensuite dans la forêt.

Depuis ce temps-là on dit à Yitchine : « Ne chasse pas le cerf par la porte. »

Comment Roumignot rend le prince inoffensif

Après l'histoire du cerf, le prince et la princesse Marjolaine envoyèrent en italien une missive concernant Roumignot, car en Italie on avait une grande expérience des brigands. Ils adressèrent la lettre au duc :

« Duc, nous avons ici à Yitchine un brigand. Il nous donne mal à la tête. Est-ce que vous n'auriez pas un remède ? »

Le duc ne regarda pas longtemps dans son livre, pas plus qu'il ne réfléchit. Il répondit immédiatement :

« Tutto è fatto. Aide possible. Je vous envoie un sculpteur. Élevez un monument à Roumignot. Mais il doit être exactement comme celui de l'image jointe à la missive. »

Le prince examina l'image et se mit à rire silencieusement.

La princesse Marjolaine ajusta son lorgnon et éclata de rire :

« Bon ! »

Quand le sculpteur italien arriva, ils lui ordonnèrent de se mettre au travail sur le champ.

Roumignot était installé au sommet du chêne et attrapait les guêpes au vol pour ne pas perdre la main. A ce moment-là, on entendit quelqu'un parler en bas et taper avec force.

Sur un rocher, sous le chêne, il vit l'Italien en sarrau blanc. A côté de lui, le prince tenant une canne, faisait le pitre.

— Comment dois-je poser ? Voasi, voala ? L'essentiel c'est que j'aie l'air vivant.

L'Italien répondit :

— Sisisi.

Puis il commença à sculpter la pierre avec sa masse et son ciseau, et cela fit un bruit de mitraillette qui résonna dans tout Raholec.

— Vous m'entendez vous deux ? cria Roumignot, qu'est-ce que vous fabriquez ?

Le prince fit la sourde oreille. Il consulta un papier et donna encore des ordres à l'Italien :

— Moi, je serai debout, tout en haut du monument et, à mes pieds, il y aura ce brigand agenouillé. Il sera à genoux, à mes pieds pour que tout le monde sache, une fois pour toutes qui est le maître de Raholec.

— Sisisi, sussura l'Italien en observant très attentivement Roumignot afin de pouvoir se souvenir de sa silhouette quand il le sculpterait.

Roumignot fut pris d'une telle colère qu'il sauta en bas du chêne. La forêt toute entière trembla. Il se traîna péniblement chez lui. Manka se tordait les mains d'angoisse.

— Ça ne va pas, gémit Roumignot, je suis malade.

Manka lui fit un lit moelleux d'herbe fraîche.

— Qu'est-ce que je pourrais faire pour te soulager ?

— C'est comme si quelque chose s'était brisé en moi, mais mon corps ne sait pas comment réagir, expliqua Roumignot. Il se mit à gémir.

Les pinsons vinrent, espérant le soigner par leurs chants. Les lièvres bondirent chez lui, apportant des plantes médicinales.

Il continuait à gémir.

Le cerf arriva et voulut chasser la maladie hors de Roumignot à coups de sabots. Manka s'y opposa.

Pendant que Roumignot gémissait à fendre l'âme, les deux compères, dans la forêt, poursuivaient leur œuvre. La statue du prince debout — il dominait tout — était déjà terminée. Roumignot était à ses pieds, à genoux, les mains jointes vers lui dans un geste suppliant. Cela resterait à jamais à la gloire du prince et à la grande honte de Roumignot.

Quand la sculpture fut achevée, le prince fit venir l'écrivain public et fit placarder sur les trois portes de Yitchine l'avis suivant :

LES HABITANTS PAUVRES ET RICHES
DE YITCHINE SONT CONVIÉS DEMAIN
À UN SPECTACLE EXTRAORDINAIRE

L'Italien, pendant ce temps-là, avait recouvert le monument de deux toiles tendues par deux ficelles. Mais, même tendues, elles laissaient voir un morceau du monument.

Vint la dernière nuit avant la fête. C'était une nuit tranquille mais Roumignot soupirait dans son lit. Manka avait le cœur serré et elle ne pouvait s'endormir. A minuit elle entendit un soupir tellement fort du côté de Roumignot qu'elle pensa qu'il s'était passé quelque chose. Elle bondit, alluma, mais le lit était vide. Et ce qui était le plus étrange c'est que, sous le lit, était couché le vieux cerf.

— Qu'est-ce que tu fais là ?

— J'ai fini, répondit le cerf.

— Où est Roumignot ? demanda Manka qui pouvait à peine prononcer un mot tellement elle était inquiète.

— Là où il doit être.

Et le cerf sortit, sans plus attendre, de la grotte.

Le reste de la nuit fut tout aussi curieux ; jusqu'au matin on entendit un bruit comme si quelqu'un tapait deux pierres l'une contre l'autre.

Le lendemain, à l'invitation du prince, les habitants pauvres et riches de Yitchine se rassemblèrent dans la forêt de Raholec. Tous restèrent bouche bée devant le monument recouvert de toiles blanches retenues de part et d'autre par les deux ficelles.

On attendit le prince et la princesse Marjolaine. Environ une heure plus tard, quelqu'un entendit que l'on attelait à Yitchine. Le prince et la princesse arrivèrent dans la clairière sur une litière de voyage. La princesse resta confortablement couchée sur la litière et le prince sauta à terre, fit des saluts à la ronde avec deux doigts et déclara d'un air majestueux :

« Mes chers sujets, je vous ai préparé une magnifique surprise. On en parlera dans tout le royaume. Je vais tirer sur les ficelles. Là, voalà ! »

Les trompettes sonnèrent et le prince tira sur une des ficelles. La moitié de la toile tomba. Sur le socle on vit la statue du prince : il avait le menton appuyé sur une canne et regardait à ses pieds du haut de sa grandeur.

— Ça, c'est moi, expliqua le prince à l'assemblée. Il tira ensuite sur la deuxième ficelle. L'autre toile tomba : Et lui c'est Roumignot.

Aux pieds du prince en pierre il y avait, agenouillée, la silhouette du fidèle Roumignot tremblant de peur. Le prince ordonna que les trompettes jouent encore une fois et, rempli d'orgueil, s'écria :

— Roumignot, tu seras à genoux pour l'éternité, m'implorant de tes mains suppliantes.

Mais, à ce moment là, la brave silhouette de Roumignot lui donna une gifle tellement forte que le prince recula d'une toise dans la clairière. Il en fut tout ébahi.

— Où es-tu, Roumignot ?

Voilà ce qui s'était passé : à minuit, le vieux cerf avait réussi à chasser à coups de sabots la maladie du corps de Roumignot avec tellement de force que celui-ci était entré dans la statue et y était demeuré.

— Comment es-tu arrivé là ? Le prince, de colère devint cramoisi.

— Le prince devrait toujours mieux regarder s'il a affaire à un être humain ou à un morceau de pierre. Quand un prince se fait rouler par un brigand, il a l'air aussi ridicule que si un moineau lui tombait dans le bec.

La princesse Marjolaine ordonna que l'on attelle une voiture et fila à Vienne chez le roi en personne avec le prince pour déposer une plainte contre Roumignot.

— Vous n'avez pas fini d'en voir ! leur cria Roumignot tandis qu'ils s'éloignaient.

Comment Roumignot évince le géant de Raholec

Roumignot accompagna le prince un bout de chemin puis rentra chez lui. Il s'allongea sur le lit en rondins en déclarant :

— Je vais me reposer un peu.

Il ferma les yeux mais pas tout à fait pour rester en éveil comme le font tous les brigands. Manka vint s'asseoir auprès de lui.

— Cher Roumignot, pardonne-moi d'interrompre ton sommeil. Mais comme tu t'occupais du prince, tu as négligé le reste. Hier le geai-messager est venu nous dire qu'un des géants du rocher de Prahov avait l'intention de s'installer à Raholec.

— Là-bas ils ont toujours été braillards et ils cherchent la bagarre, répliqua Roumignot.

A ce moment-là, le rocher se mit à trembler et un morceau du plafond tomba aux pieds de Roumignot. Celui-ci sortit de la grotte en courant.

Le géant était dehors, c'était un sacré gaillard ; il était en train de passer un hêtre à sa ceinture. Il parla et sa voix semblait venir de très haut :

— A partir de demain tout ceci sera à moi ; et toi, Roumignot, fiche le camp d'ici !

Roumignot inspira profondément pour pouvoir crier très fort :

— J'ai réussi à sauver cette forêt du prince et je continuerai à la protéger.

— Je voudrais bien savoir ce que tu peux faire contre moi — le géant éclata de rire ce qui ébranla toute la forêt — mais comme tu m'as mis de bonne humeur, je viendrai demain après le café et nous ferons un concours de bûcheronnage.

Il retourna sur son rocher pour se reposer. En chemin sa tête heurta trois nuages ce qui déclencha un orage.

— Avec ce gaillard-là ça ne va pas être facile, reconnut Roumignot. Il lui suffira de faire une pichenette pour déraciner un hêtre.

Manka savait que, dans les instants difficiles, on finit toujours par trouver une solution. C'est pourquoi elle se moqua de Roumignot :

— Tu sais ce que je vais faire ? Je vais aller à la cave prendre un pot de miel pour te donner du courage. Elle partit chercher le miel.

La nuit tombait sur la forêt. Vers Yitchine il y avait des éclairs et des coups de tonnerre. Quel coup ! L'orage était tout près. Manka fit irruption avec le pot de miel qu'elle avait été chercher dans la cave :

— Ça c'est une surprise, regarde !

Elle déposa le pot devant Roumignot, dedans il y avait une drôle de petite pierre : le miel était tout mélangé.

— Qu'est-ce qui s'est passé ? demanda Roumignot étonné.

— C'est un éclair.

— Attention qu'il ne te fasse pas de mal, dit Roumignot.

— Allons donc, il s'est cassé et ne remue presque plus.

On entendit juste à cet instant un craquement désespéré et une petite étincelle jaillit tristement. L'éclair sortit sa tête du miel et gémit :

— Je ne me suis jamais senti aussi mal. Je ne pourrais pas regarder la voûte céleste. Il s'enflamma une seconde comme s'il pleurait.

— Pauvre petit, fit Manka sincèrement peinée. Roumignot réagit à temps :

— Ne pleure pas, sinon tes larmes vont couler à flots. Manka, tiens le pot, je vais retirer l'éclair avant que ses larmes ne transforment le miel en sucre.

Manka maintint le pot par l'anse, Roumignot s'enduisit les mains de graisse de hérisson et retira l'éclair du miel. Il le nettoya et le fit briller avec un chiffon.

L'éclair était tout content. Il ne tenait pas en place, il sautait et faisait jouer toutes ses articulations. Il sortit son appareil à mesurer les éclairs, regarda le cadran et s'écria :

— Je serai capable d'accomplir ma besogne pendant tout un orage. Comment pourrais-je vous remercier ? Est-est que je dois jaillir ici ? Est-est que je dois casser quelque chose en deux ?

— Surtout pas, mais est-ce que tu pourrais seulement rester dans ma poche ?

— Pour moi c'est un jeu d'enfant.

L'éclair sauta joyeusement en l'air et se roula en boule. Il dégageait une agréable chaleur et ronronnait doucement. Roumignot le fourra dans sa poche.

Tout à coup le géant arriva. Il fit le tour de la caverne en trépignant. Les pierres tombèrent du mur et les ruisseaux débordèrent. Ensuite, il se mit à grogner :

— Roumignot, c'est l'heure. Allons couper les arbres dans la forêt. Je commence.

Le géant choisit un hêtre de la hauteur d'une tour, il donna un coup de la main, le hêtre sauta en l'air et retomba en deux morceaux. Toute la forêt en trembla. Roumignot évita un éclat de bois, fit le tour du hêtre fendu en deux et félicita le géant :

— C'est vraiment bien. C'est difficile de trouver un travail mieux fait dans toute la Bohême.

— A toi maintenant, répliqua le géant, comme tu es plus petit, tu peux terminer ce que j'ai commencé. Roumignot refusa :

— Je n'aime pas finir le travail de quelqu'un d'autre.

Il choisit un hêtre deux fois plus gros que celui du géant. Il se recula de quelques pas et, avec prudence, fourra sa main dans sa poche.

— Tu es un vantard. Peut-être au moins, cela t'ouvrira les yeux sur toi-même, dit le géant.

Roumignot sortit la main de sa poche et lança l'éclair roulé en boule sur le hêtre. Tout d'abord on vit un éclair bleu avec des flamêches. Puis il y eut un craquement comme si une armée de bûcherons coupait des arbres. L'éclair avait réduit le hêtre en bûches. Il y eut un bref silence et l'éclair débita l'arbre en bûchettes. Enfin, on ne vit plus que quelques étincelles, l'éclair élaguait les branches et les entassait en fagots pour laisser l'endroit net. Il s'en fut tellement vite qu'on ne put l'apercevoir. Il y avait sept toises de bois de hêtre coupé.

Le géant roula des yeux étonnés et finit pas dire à Roumignot :

— Eh bien, si tu as un serviteur aussi diligent, j'ai intérêt à filer avant qu'il ne s'en prenne à moi ! Il retourna en vitesse sur son rocher de Prahov.

Comment Roumignot attrape des poissons

Une fois que ce grand gaillard de géant eut fini de faire trembler le monde, Roumignot déclara :

— Tu vois, Manka, le bois est coupé. Maintenant je vais pêcher ces poissons que je t'ai promis pour le déjeuner.

— Alors dépêche-toi car il n'est pas loin de midi.

Roumignot choisit un noisetier et coupa de quoi se fabriquer une canne à pêche. Comme fil il entrelaça six crins de cheval et, au bout de l'hameçon, accrocha une mouche. Il s'assit au bord de l'étang où, depuis toujours habitait l'ondin Fridolin.[1]

Les vaguelettes jouaient avec le bouchon mais pas un seul poisson ne mordait à l'hameçon.

Roumignot se demanda si Manka ne ferait pas mieux d'aller à Yitchine acheter quelques harengs salés. C'est alors que le bouchon oscilla puis disparut dans les noires profondeurs. Roumignot

1. Dans les légendes tchèques, les ondins sont des génies des eaux souvent gentils mais capricieux.

tira avec tant de force qu'on entendit à une lieue à la ronde. Mais, quand il retira sa ligne de l'eau, au lieu d'un poisson, il trouva un bouchon accroché à l'hameçon. Un vrai bouchon de chêne-liège.

Roumignot hocha la tête, décrocha le bouchon et le lança dans l'herbe. L'étang commença à se vider en tourbillonnant de plus en plus vite. L'eau découvrit le fond de l'étang ; il y avait un trou auprès duquel était assis Fridolin, l'ondin, qui se mit à apostropher Roumignot rudement :

— Je te remercie cent mille fois d'avoir enlevé le bouchon de mon étang !

Fridolin, désespéré, ridait son front d'homme-grenouille. Roumignot essaya de le consoler :

— Cela ne sera peut-être pas trop grave si je remets le bouchon tout de suite en place.

Mais il eut beau le chercher dans l'herbe il ne put le trouver. L'ondin Fridolin se déshydratait et rapetissait à vue d'œil :

— Roumignot, je ne supporte pas la chaleur comme toi ! Si tu ne remets pas le bouchon, je suis perdu.

Fridolin se racornissait toujours davantage. Si Manka n'était pas arrivée avec un baquet d'eau, il se serait endormi à jamais. Roumignot le plongea immédiatement dans le baquet et le transporta à l'ombre.

— Là, tu vois, ça va mieux.

Mais, à peine avait-il commencé à s'humidifier de nouveau, que Roumignot reprit :

— J'ai le cœur serré. Est-ce qu'un ondin peut vivre dans un baquet ?

En guise de réponse le baquet se renversa.

— Tu vois, Roumignot, dit Manka, fini les expériences. Tu dois trouver un bouchon et réparer l'étang.

Roumignot mesura le diamètre du trou avec un brin de roseau et se mit en route pour Yitchine. Il traversa la place et, par les ruelles, alla jusque chez le tonnelier Fidu. Roumignot lui montra le roseau.

— Je voudrais un bouchon de cette dimension.

Fidu inspecta sa réserve.

— Je n'en ai pas de cette taille.

Roumignot continua son chemin en jetant un œil dans les cours. Dans l'une d'elles le vigneron Vinasse était en train de nettoyer ses tonneaux. Il y en avait beaucoup et chacun avait un bouchon. Roumignot s'approcha sur la pointe des pieds et mesura les bouchons avec son roseau. Il arriva ainsi au dernier tonneau.

« Celui-là c'est le bon », pensa Roumignot.

Mais comme il retirait le bouchon, le tonneau se mit à rouler et tout s'écroula. La cour était en haut d'un talus et tous les tonneaux roulèrent droit sur Roumignot. Roumignot courait en tête suivi par les tonneaux et le gros vigneron Vinasse. Cela fit un vacarme épouvantable dans les rues. Vinasse n'en pouvait plus. Il dut s'arrêter et, rouge de colère, comme une pivoine, il cria à Roumignot :

— J'en ai assez de tes tours. On raconte que le prince a été à Vienne chercher le roi en personne !

Les tonneaux faisaient un tel bruit que Roumignot n'entendit pas ce que lui disait le vigneron.

Il fila, poursuivi par les tonneaux, vers la caserne. Lui, à la rigueur, aurait pu franchir les portes de la caserne, mais pas les tonneaux ! Le soldat qui était de garde ordonna :

« Halte ou je tire ! »

Les tonneaux eurent très peur et s'arrêtèrent net. Roumignot en profita pour aller voir s'il ne pouvait pas trouver un bouchon dans la cour. Il y avait un canon qui traînait dans un coin. Pour que la pluie n'y pénètre pas, on lui avait mis un gros bouchon de liège. Roumignot en mesura le diamètre avec son roseau et, satisfait, il dit :

« Comme s'il était tombé du ciel pour Fridolin. »

Il prit le bouchon. Un jeune officier le vit d'une fenêtre :

— Qu'est-ce que tu cherches là, Roumignot ?

— Un bouchon pour Fridolin, fit-il en continuant à retirer le bouchon. Il était bien enfoncé et Roumignot n'avait pas de prise pour tirer dessus.

— Sors de là ! Ce canon est cassé, jappa l'officier.

— S'il est cassé, tu peux bien me montrer la direction de l'étang de Fridolin.

L'officier indiqua de la main la direction ; Roumignot tourna le canon dans cette direction et tira sur la ficelle. Le coup partit et envoya le bouchon dans les airs. Roumignot regarda s'il allait là où il fallait puis il prit ses jambes à son cou et rentra chez lui.

Quand il y arriva l'étang était toujours vide. Fridolin respirait faiblement dans le baquet. Manka l'interpella de loin :

— Roumignot, c'est la mort qui t'envoie. Et ce bouchon ?

— Je l'ai expédié par la voie la plus rapide. Il devrait être là depuis longtemps, tenta de dire Roumignot pour se défendre.

Mais ce n'est pas avec des mots que l'étang allait se remplir. Manka recommença :

— Puisqu'il devrait être ici, pourquoi n'y est-il pas ?

— Nom d'un petit bouchon ! L'officier m'a indiqué une mauvaise direction, se lamenta Roumignot, j'ai dû envoyer le bouchon du mauvais côté.

— C'est ma dernière heure, soupira Fridolin, en se dégonflant tout à fait.

Tout à coup le bouchon arriva. Il venait de Turnov au lieu de Yitchine.

— L'officier s'est bien trompé et c'est pour ça qu'il a mis si longtemps.

Ils enfoncèrent en toute hâte le bouchon dans le trou et commencèrent à remplir l'étang. Quand il fut plein d'eau, ils y remirent l'ondin.

Fridolin fit le tour de l'étang, nagea parmi les roseaux et lança à Roumignot un coquillage vide.

— C'est pour toi qui es tellement maladroit avec ton hameçon, tu ne mérites qu'un coquillage vide. Mais comme tu as réparé ce que tu avais abîmé, je vais te donner quelque chose pour Manka.

Fridolin lui donna une belle carpe de trois livres. Ils la firent cuire sur le feu allumé grâce au bois coupé par l'éclair.

Comment Roumignot chevauche un poisson-chat

Le lendemain, Roumignot, assis devant la caverne, se peignait la barbe avec le peigne à myrtilles. Les abeilles bruissaient amicalement autour de lui. Il se demandait comment faire oublier à Fridolin le malheureux épisode du bouchon. Manka donnait à manger à une bande de pigeons ramiers.

— Même si vous ne nous êtes pas utiles, vous avez le droit de manger, leur expliquait-elle.

A ce moment-là son attention fut attirée par un ruisselet qu'elle n'avait jamais vu auparavant et qui s'était mis à serpenter entre les arbres. Il grossissait à vue d'œil. Elle sursauta, ce qui effraya les pigeons ramiers et Roumignot s'écria :

— Pourvu que la digue de Fridolin ne se soit pas rompue. Ce ne serait vraiment pas de chance. Hier Fridolin a failli mourir dans un étang vide, et aujourd'hui il serait emporté Dieu sait où par ce flot.

Roumignot remonta le courant jusqu'à l'étang. La digue était intacte mais l'ondin Fridolin, sous le saule, sanglotait tellement fort que cela formait un petit ruisseau.

— Arrête-toi, Fridolin, sinon tu vas inonder ma caverne.

Fridolin s'essuya le nez tristement.

— Tu me dis de ne plus pleurer mais regarde ce que j'ai trouvé dans mon étang.

Roumignot pâlit sous sa barbe à la vue du poisson-chat Holdegron.

Un aussi gros poisson, il n'y en avait qu'un dans toute la Bohême. A lui tout seul, il remplissait l'étang. Sa bouche était aussi large qu'une vanne et il avait des yeux comme des meules à moulins.

— Ça oui, tu es un bel animal, convint Roumignot en s'accrochant au saule. Il se tourna vers Fridolin et lui dit sévèrement :

— Tu es pourtant un ondin, tu devrais savoir faire face à tout ce qui peut arriver en matière de poisson. Fais partir le poisson-chat et reprends ta place.

— Tu n'as qu'à essayer toi ! lui rétorqua l'ondin.

Roumignot se planta le plus solidement qu'il put sur la jetée et s'adressa au poisson-chat :

— Holdegron, je n'aime pas te voir traîner par ici. Donne un coup de queue et retourne d'où tu viens !

Le poisson-chat considéra Roumignot et négligemment donna un tout petit coup de queue. La vague fut tellement forte qu'elle submergea Roumignot, Fridolin et inonda une partie de la forêt et la caverne.

— Merci, s'exclama Manka, comme je vois vous avez tout arrangé !

— On ne peut pas parler sérieusement avec Holdegron, répliqua Roumignot.

— Comme si on pouvait parler avec un poisson ! dit Manka.

Roumignot était très ennuyé de la tournure que prenaient les événements. Il mit Fridolin dans un seau d'eau afin qu'il ne se répande pas jusque dans la caverne et plongea lui-même dans les réflexions les plus profondes.

Après un court instant il claqua des doigts et alla chercher dans le coffre une pelote de ficelle.

« Allons-y ! »

Il retourna à l'étang suivi de Manka qui portait l'ondin. Il donna la pelote à Manka et lui demanda :

— Est-ce que tu pourrais confectionner un filet de pêche avec cette ficelle ?

Manka tendit la ficelle entre les saules : cela faisait comme un canevas et comme Fridolin était très mince, elle lui donna l'extrémité de la ficelle et il se faufila entre la trame habilement. Le filet fut prêt en un instant.

Holdegron observait toute la scène ouvrant tantôt un œil, tantôt l'autre. Ce n'est qu'au moment où le filet fut étalé sur la digue, qu'il ouvrit sa grande bouche :

— Il faudrait d'abord que vous me fassiez entrer dans ce filet.

— Allons donc, on n'y arrivera jamais, soupira Fridolin.

Manka tapa dans ses mains et, en un clin d'œil les pigeons ramiers arrivèrent. Chacun saisit dans son bec un morceau de ficelle et ils s'envolèrent portant le filet au-dessus de l'étang, puis ils le lâchèrent sur Holdegron.

Holdegron daigna frétiller un peu sous le filet et recommença :

— Vous vous êtes cassé la tête pour rien : il faudrait trouver quelqu'un qui puisse me suivre.

A ces mots Fridolin caressa la surface de l'eau avec sa paume et, de tous les côtés de l'étang, les poissons nagèrent vers lui. Les carpes s'approchèrent lentement, les brochets plus vite, les tanches affleurèrent à la surface suivies par le menu fretin. Cela faisait une sacrée force. Chacun prit dans sa bouche un bout du filet. Mais celui-ci s'emmêla et ils ne purent le tirer.

Holdegron éclata de rire.

— Il faudrait un cocher pour conduire cet attelage ! dit-il.

— Voici le cocher, cria Roumignot. Il saisit sa canne à pêche et d'un bond sauta sur le dos du poisson-chat.

— Youpie !

Les poissons avaient réussi entre-temps à démêler le filet et l'attelage fendit les flots. Roumignot conduisait.

Quand ils parvinrent à l'Elbe, Roumignot arrêta l'attelage et dit au poisson-chat :

— Va où tu veux, Holdegron, ici tu as assez de place.

Environ deux semaines plus tard, un poisson-messager vint trouver Roumignot. Les cachalots et les baleines lui faisaient savoir qu'Holdegron était arrivé à la mer par Hambourg. Mais s'il remplissait à lui tout seul l'étang, dans la vaste mer, il n'était plus qu'un tout petit poisson.

Comment Roumignot donne une leçon au meunier orgueilleux

Environ une semaine après son retour de l'Elbe, Roumignot déjeunait tout en tournant pensivement sa cuillère dans sa soupe. Soudain, il se tapa le front de la main et dit à Manka :

— A force de m'occuper de Fridolin, j'ai failli oublier le meunier !

Il ne termina même pas la deuxième part de soupe aux sept usages et se prépara.

Il longea le ruisseau jusqu'au moulin en se demandant comment il pourrait faire avec ce meunier qui gardait pour lui au moins la moitié du grain qu'on lui donnait. Personne encore n'était arrivé à le raisonner.

Le soleil tapait dur et Roumignot avait soif. Il enleva son chapeau et alla puiser un peu d'eau. Il était sur le point de boire quand une petite voix se mit à crier :

— Fais donc attention à ce que tu bois !

Roumignot examina le fond de son chapeau : il y avait une toute petite grenouille verte qui nageait. Il la sortit de l'eau, elle se mit sur le dos et se transforma en Fridolin.

— Où que j'aille, je retombe sur toi, s'écria Roumignot.

L'ondin dit :

— Merci de ne pas m'avoir englouti dans ton ventre de brigand.

Tout en parlant Fridolin croisa deux de ses doigts devant lui et fit signe à Roumignot de regarder : l'instant d'après un vieil orgue de barbarie flottait sur la rivière.

— C'est un cadeau que je te fais en remerciement, Roumignot.

Fridolin sauta dans les profondeurs et disparut.

Roumignot repêcha l'orgue de Barbarie, le considéra de tous les côtés en hochant la tête :

« Certainement que Fridolin voulait me faire plaisir. Mais vraiment est-ce un cadeau pour un brigand ? »

Peu après Manka rejoignit Roumignot avec une perdrix rôtie dans une écuelle.

— Tu ne finis même pas de manger ta soupe, se lamenta-t-elle, puis je te cours après pour t'apporter un mets savoureux et toi, tu joues au bord de l'eau avec ce bazar. Elle considéra avec plus d'attention l'orgue de Barbarie et il lui plut beaucoup.

— Je vais en jouer et la perdrix aura encore un meilleur goût.

Roumignot détacha deux ailerons et se mit à manger. Manka tournait la manivelle, l'orgue grinça mais de musique point !

— Peut-être qu'il faut tourner la manivelle dans l'autre sens, dit Manka et elle essaya.

L'orgue de Barbarie soupira, une étrange musique en sortit et il se passa de drôles de choses : la perdrix rôtie blanchit tout à coup, elle redevint crue, il lui poussa des plumes, elle becqueta dans la main de Roumignot et enfin s'envola dans les buissons ! Tout s'était déroulé à l'envers.

— Fridolin nous a fait une plaisanterie, s'écria Roumignot, prends l'orgue et apporte-le à la maison, nous nous amuserons un peu avec.

Manka emporta l'orgue et Roumignot continua son chemin vers le moulin. Le long du ruisseau il rencontra Komanek, le propriétaire d'une petite ferme. Il portait sur le dos un sac vide et poussait de gros soupirs.

— Qu'as-tu à soupirer puisque ce sac est vide ? lui demanda Roumignot.

— C'est justement parce qu'il est vide, répondit Komanek, il y a encore une minute il était plein de froment, je l'ai apporté au moulin pour le vendre et le meunier me l'a pris.

Roumignot fronça les sourcils.

— Assieds-toi sur la berge, Komanek, j'allais justement au moulin. Ce que le meunier a pris, il le rendra.

Il jeta le sac vide sur son épaule et s'approcha du moulin en suivant le ruisseau. C'était un beau moulin bien arrangé. La roue tournait régulièrement, l'eau jouait avec elle, partout il y avait des sacs de farine rangés comme des soldats pour la revue.

Sur la galerie s'agitait le meunier. Il était absolument blanc des pieds à la tête. Roumignot lui tendit tout de suite le sac vide.

— C'est le sac de froment que tu as pris à Komanek. Tu dois le lui rendre.

Le meunier se retourna en faisant des manières comme une colombe qui s'admire car il était très orgueilleux et dit :

— N'importe qui peut dire ça !

— Regarde ! s'exclama Roumignot.

Il saisit la roue et, avec sa grande force de Roumignot, l'arrêta.

— Voilà ! tant que tu ne m'auras pas rendu le blé de Komanek tu ne pourras plus moudre de grain.

Le meunier écouta puis dit d'un ton désagréable :

— Tu finiras bien par lâcher cette roue, n'est-ce pas ?

— Non.

— Si.

Le meunier appela quelqu'un dans le moulin et sa fille apparut sur la galerie.

Elle était belle, élevée, à la farine et aux pommes rouges. Elle s'adossa contre un pilier et sourit à Roumignot. Elle n'en finissait plus de sourire. Roumignot essaya bien de regarder ailleurs mais il n'y arrivait pas. Il ne pouvait pas s'empêcher de la regarder de nouveau. La roue lui échappa des mains et Roumignot soupira :

— J'ai perdu.

Pendant ce temps Manka, assise au bord de la source, astiquait les clous en cuivre du cadeau de Fridolin. Soudain une petite grenouille verte sauta de la source et lui dit :

— Vite ! Cours avec l'orgue de Barbarie !

— Pourquoi ?

— Accours !

Manka prit l'orgue, courut jusqu'au moulin et vit ce qui se passait.

— Vous mettez encore tout sur le dos de mon pauvre Roumignot, cria Manka. Elle empoigna la manivelle et tourna dans le sens contraire.

Le miracle se reproduisit. Tout se refit à l'envers : La farine, de poussière redevint grain, ce grain se planta en terre. Tous les sacs y passèrent les uns après les autres. Quand il n'y eut plus qu'un seul sac de farine, Roumignot lui dit :

— Arrête Manka, pas celui-là !

Manka stoppa l'orgue de Barbarie, Roumignot jeta le sac plein par-dessus son épaule et l'apporta à Komanek qui attendait toujours au bord du ruisseau.

Le meunier monta en courant en haut du moulin. Il gesticulait tellement que la farine dont il était couvert vola de toutes parts :

— C'est bientôt la fin de tes tours, Roumignot, le bruit court que l'on a été chercher le roi à Vienne et qu'il est furieux contre toi !

Mais Roumignot riait tant d'avoir vu ce qui s'était passé dans le moulin qu'il n'entendit pas le deuxième avertissement.

Comment Roumignot vient en aide au mécanicien du chemin de fer

Chaque matin, le geai-messager passait par la forêt de Raholec et celui qui voulait avoir des nouvelles le questionnait. Ce matin-là le geai était tellement énervé qu'il faillit faire tomber le chapeau de Roumignot. Il voletait de-ci de-là et criait sans arrêt :

— Bonnes gens, dans un instant le chemin de fer à vapeur se mettra en route. Il ira de Yitchine à Sadsky.

— Je n'en ai encore jamais vu, dit Manka. Elle se tourna vers Roumignot et lui demanda avec un charmant sourire :

— Tu te souviens, Roumignot, il y a longtemps déjà, tu m'as promis que tu me montrerais un chemin de fer.

Roumignot compta sur ses doigts :

— Petite Manka, il y a si longtemps, que j'ai oublié. Mais qu'importe ! Préparons-nous !

Manka se mit des rubans dans les cheveux, passa à son doigt la bague de soleil. Roumignot lui prit la main et ils s'en furent à la lisière de la forêt, à l'endroit où étaient les rails. Ils s'assirent dans l'herbe et Roumignot proposa :

— Attendons ici qu'arrive cette merveille.

C'est alors que, du fond de la forêt, un lutin de feu accourut. Il contourna Roumignot et Manka pour ne pas les brûler et les regarda de ses yeux étincelants.

— Il paraît qu'il peut faire jaillir des étincelles de ses yeux !

— Ça, je ne sais pas, car ça non plus nous ne l'avons jamais vu de nos propres yeux, dit Manka.

Le lutin de feu se creusa un trou, dans lequel il s'installa afin de ne pas mettre le feu aux alentours. Lui aussi attendit le train.

Au bout d'une heure, on entendit un bruit de martellement sur les rails. Au loin, dans la direction de Yitchine on vit se former un nuage de fumée qui s'approcha. Le geai allait et venait et cria :

— Sapristi, il arrive !

Juste derrière le geai suivait une locomotive à charbon. Les roues et les essieux tournaient, les bielles se levaient et s'abaissaient régulièrement, la vapeur sifflait et des étincelles sortaient par la cheminée. Le conducteur Knotek était dans la cabine et gardait les yeux rivés sur Sadsky.

Tout cela à grand renfort d'étincelles et de bruits.

Roumignot s'exclama : « Mon Dieu ! » Manka poussa un long soupir. Mais le lutin de feu avait un comportement étrange. Quand il sentit la chaleur de la vapeur, il devint fou furieux : il bondit hors de son trou en fumant par tous les côtés, il prit une teinte rouge incandescent et se mit à longer la forêt en faisant : « Chechecheche-cheche ».

— Calme-toi lutin ! lui conseilla Roumignot, avec toutes les étincelles que tu fais, tu vas mettre le feu à la forêt qui est tellement sèche.

Le lutin de feu ne pouvait plus se contrôler, il fit de grandes flammes qui se propagèrent dans l'herbe. Les buissons s'embrasèrent et le feu gagna la forêt.

Roumignot prit son chapeau et essaya d'éteindre les flammes et Manka l'aida avec sa jupe. Le lutin de feu se tapait maintenant la tête contre le sol :

— Qu'ai-je fait !

Le feu était de plus en plus fort. Quand il n'y eut plus aucun espoir de le vaincre, Roumignot saisit son pistolet et dit :

— Je vais tirer un coup pour appeler à l'aide à Yitchine.

Il tira et ils attendirent que quelqu'un vienne à leur secours. Mais, à Yitchine il y avait ce jour-là une fête en l'honneur du chemin de fer et, au milieu du feu d'artifice, personne ne fit attention au tir de Roumignot.

Les flammes coururent vers la forêt et l'embrasèrent. De la forêt de Raholec il n'allait bientôt plus rien rester.

Tout à coup on entendit de nouveau sur la voie ferrée le bruit de martellement : c'était la locomotive qui revenait de Sadsky à toute vapeur. Le conducteur Knotek s'écria de loin : « En voilà une histoire ! » Il arrêta la machine, enjamba d'un bond la caisse à charbon, prit la lance d'incendie, mit en marche la pompe et l'eau jaillit sur le feu.

Tout d'abord le feu résista, piétina, puis, dans la forêt, il s'éteignit et il ne resta que l'odeur de brûlé. Le lutin se traînait très ennuyé. Il éteignait les étincelles qui jaillissaient encore de lui. Ensuite il dit au conducteur :

— Je te remercie cent mille fois. J'aimerais te rendre un service à mon tour.

— Bon, dit Knotek en plaisantant, je viendrai un jour et tu mettras le feu à une petite maison.

Il regagna Yitchine.

Environ une semaine plus tard, Roumignot se promenait justement à cet endroit, quand il entendit une toute petite voix qui se lamentait :

— Saint Ferdinand, patron des cheminots, sauve-nous !

Roumignot s'approcha de la voix. Il vit la locomotive sur les rails. Mais aujourd'hui elle était immobilisée et elle n'était pas toute seule : derrière elle, il y avait six wagons pleins de voyageurs qui allaient à Sadsky aux sources thermales. Knotek faisait le tour de la locomotive en se tordant les mains :

— Saint Ferdinand, patron des cheminots, sauve-nous !

— Pourquoi appelles-tu sans arrêt ce Ferdinand ? demanda Roumignot.

Knotek avait ôté sa veste pour aller inspecter les cylindres, il le regarda :

— Parce que dans sept minutes tout explose.

— Comment cela ?

— Parce qu'il n'y a plus de charbon. Je n'ai plus de vapeur, c'est pourquoi mon train est bloqué ici et dans sept minutes le train qui vient de Yitchine va nous rentrer dedans.

Roumignot mit son oreille contre les rails : on percevait déjà le bruit de martellement.

— Ça va mal, dit Roumignot et il s'élança dans la forêt.

« Il va chercher ce qu'il lui reste de charbon », pensa Knotek.

Avant qu'une minute se soit écoulée, Roumignot était de retour. Il avait enroulé sa main d'une épaisse couche de mousse car il tenait le lutin de feu. Il le conduisit jusqu'à la locomotive. Il ouvrit la porte de la chaudière et lui ordonna :

— Saute !

— Non, je ne veux pas !

— Même pour moi tu ne le ferais pas ? le supplia Knotek, désespéré car il entendait le bruit de martellement qui se rapprochait.

Le lutin observa Knotek de ses yeux incandescents.

— Ah, c'est toi ? C'est bien parce que je te dois quelque chose.

Il sauta dans la chaudière et commença à brûler. Il s'alluma en une grande flamme, la vapeur jaillit et le train se mit en marche.

Un peu plus tard le lutin sortit sa tête de la chaudière et demanda à Knotek :

— Encore ?

— Oui, encore.

— Encore ?

— Ça suffit. Il ne manquerait plus que je démolisse la gare de Sadsky !

Quand le train passa dans un vacarme épouvantable devant Roumignot et Manka, Knotek se pencha par la fenêtre et leur cria :

— Roumignot, je te dois quelque chose. Dans tout Yitchine le bruit court que le prince et la princesse ont appelé le roi. Il va venir !

Mais le grondement de la locomotive et le bruit de la vapeur couvrirent ses mots.

C'est ainsi que Roumignot n'entendit pas non plus le troisième avertissement.

Comment Roumignot rencontre le roi

Le roi se décida à aller voir Roumignot en personne le plus vite possible. Comme prétexte il invoqua le fait qu'il devait passer en revue les soldats de Yitchine. Il sauta à cheval et quitta Vienne.

Mais le destin ce jour-là n'était pas avec Roumignot car leurs chemins allaient se croiser.

Ce jour funeste, Manka eut l'idée d'aller cueillir des tiges d'absinthe dans la clairière pour les vendre au marché. Roumignot l'accompagna.

Sur la place de Yitchine, Manka disposa les tiges d'absinthe bien en vue et commença à crier pour attirer le monde :

— Achetez de l'absinthe, elle est très amère et bonne pour l'estomac. Achetez mon absinthe !

Roumignot écouta Manka pendant un moment, puis il dit :

— Sapristi, Manka, rien qu'à t'entendre je sens l'amertume de l'absinthe dans ma bouche. Je vais plutôt aller faire un tour en ville.

Dans une ruelle avoisinante il se trouva nez à nez avec une jeune fille qui sanglotait désespérément, ses larmes arrosaient le pot de fleurs qui était à côté d'elle.

— Pourquoi pleures-tu, fillette ? lui demanda Roumignot.

— Le lieutenant Karlitchek passait à cheval et il a enrôlé mon fiancé Jacob, répondit la jeune fille en pleurs.

— Karlitchek dis-tu ?

Roumignot retourna au marché de son pas léger, prit Manka et les tiges d'absinthe au passage :

— Il y a eu une injustice. Allons au terrain d'exercices militaires.

Quand ils arrivèrent, ils virent le lieutenant Karlitchek. Il portait des grandes bottes rigides, un pantalon de cavalier et un képi qui ressemblait à une cheminée. Il était sur sa jument, sa visière lui couvrait presque les yeux et il donnait des ordres aux soldats :

— Marchez ! Un, deux !

Les soldats allaient et venaient en marchant au pas.

— A terre ! cria le lieutenant et tous se jetèrent à plat ventre.

Tous sauf un qui resta debout. C'était justement le Jacob de la jeune fille qui pleurait.

— Tu ne sais pas te mettre à plat ventre ? lui lança Karlitchek.

Jacob se lissa la barbe en signe de résistance et garda le silence. L'attitude de Karlitchek ne plaisait pas du tout à Roumignot.

Le lieutenant recommença à apostropher Jacob :

— Eh bien je vais t'apprendre, moi !

Mais soudain Roumignot s'approcha de la jument par derrière et arracha un crin de sa queue. Aussitôt elle se cabra :

« Hiiiii ! »

Karlitcheck tomba à terre.

Roumignot fit comme si de rien n'était et dit à Jacob :

— Là, tu vois, monsieur le lieutenant t'a montré comment on tombait.

Karlitchek réalisa tout à coup que cela n'était pas arrivé par hasard. Il se releva, examina Roumignot sous sa visière et bêla :

— Il me semble que j'ai été trahi. Qu'on fourre Roumignot au violon avec Jacob !

Il les conduisit jusqu'à la prison. Il les précédait sur sa jument, et eux suivaient à pied.

— Je viens aussi, dit Manka, je ne te laisserai pas.

Ils marchèrent ainsi pendant un moment et rencontrèrent un officier en manteau doré sur un cheval noir.

— Qui est-ce ? demanda Roumignot à Jacob.

— Notre colonel, répondit tristement Jacob.

Roumignot éclata de rire :

— Alors nous allons prouver la grande renommée de notre armée grâce à Karlitchek.

Il fit un signe de la tête à Manka discrètement. Elle sauta devant la jument et lui lança un bouquet d'absinthe dans la bouche. La jument avala le tout sans prendre la peine de mâcher comme si elle mourait de faim. Le colonel les croisa à ce moment-là sur son cheval noir. Le lieutenant Karlitchek se souleva de sa selle et salua le colonel. Mais l'absinthe que la jument avait avalée commença à faire son effet. En passant à côté du colonel, elle fit des grimaces tellement l'absinthe était amère. Le képi de Karlitchek lui tomba sur les yeux. Mais il ne dit rien et continua son chemin.

« Ce qui ne réussit pas du premier coup marche du deuxième », dit Roumignot.

Ils firent encore quelques pas et rencontrèrent un autre officier. Il était sur un cheval gris et avait un manteau et un pantalon dorés. C'était un général. Manka sauta devant la jument et lui donna un deuxième bouquet d'absinthe. Le lieutenant salua le général et la jument fit encore des grimaces. Le général jura en disant qu'une caille venait sûrement de tomber. Mais il n'ajouta rien d'autre.

« Ce qui ne réussit pas du deuxième coup réussit forcément du troisième », fit Roumignot.

Sur un cheval blanc, le roi en personne s'avança à leur rencontre. Il regardait partout s'il n'apercevait pas Roumignot. Le cheval paradait car il était très fier de transporter le roi, celui-ci avait une tunique recouverte de brillants.

C'est alors que Roumignot fit signe à Manka pour la troisième fois. Elle bondit devant la jument et lui donna son dernier bouquet. Karlitchek salua respectueusement le roi, c'est tout juste s'il n'arracha pas son oreille en saluant mais sa jument grimaça comme un diable. Le roi se sentit offensé. Il s'adressa à la jument :

— Dis donc, et le code militaire ?

La jument gratta le sol du sabot et répondit :

— A vos ordres ! Quand une jument militaire rencontre son roi, elle doit le regarder droit dans les yeux et hennir joyeusement.

— Cavalier, ta jument mérite des louanges. Et que doit faire le roi quand une jument militaire lui fait des grimaces comme sept diables ?

— La faire enfermer ainsi que le lieutenant qui la monte, répondit la jument, répétant le code.

—Eh bien cavalier, tu entends ? Le roi les fit enfermer pour sept ans.

Pendant que le roi et le lieutenant parlaient ainsi, Roumignot et Manka reconduisirent Jacob près de sa fiancée pour qu'il la console.

Mais quand le roi rentra à la caserne, tous les espions l'attendaient et lui dirent :

— Ce garçon qui vous a offensé, Votre Majesté, en faisant faire des grimaces à la jument et en libérant Jacob, c'est Roumignot.

— Ce sacripant de Roumignot, s'écria le roi en trépignant de colère.

Il nota sur son carnet qu'il ne fallait pas oublier d'attraper Roumignot d'une autre façon.

Comment Roumignot triomphe du roi

Le roi rentra à Vienne afin de tout mettre en œuvre pour en finir avec Roumignot. En chemin, il lui semblait que chaque jument lui faisait des grimaces. Il s'arrêta à la première colline, posa le carnet sur son genou et inscrivit avec un crayon qu'il fallait envoyer contre Roumignot un escadron de uhlans.

Avant d'atteindre le Danube, l'escadron était devenu un régiment. Quand le roi arriva au château, il fit appeler le maréchal. Il trépignait tellement qu'un de ses boutons en brillants sauta en l'air. Il cria :

— J'en ai plus qu'assez de ce brigand. Je vais organiser une campagne avec toute mon armée contre lui puisqu'il a injurié à Yitchine le prince et la princesse Marjolaine et a libéré un de mes soldats Jacob.

Il fit afficher dans toute la ville de Vienne un avis dans lequel était écrit noir sur blanc que l'armée partait se battre contre Roumignot. Celui-ci ignorait tout des intentions du roi, car le geai-messager qui venait à Yitchine ne parlait pas allemand.

A Yitchine, l'allée de tilleuls commençait à refleurir. Quand elle se mit à embaumer, Roumignot proposa à Manka :

— Mets tes souliers, nous allons à Yitchine profiter un peu de l'odeur des tilleuls.

Ils bavardèrent et, en chemin, le soleil se mit à briller. Pour arriver à l'allée de tilleuls, il fallait passer devant la boutique de Jokle le marchand de cordes. Il avait l'air de les attendre. Il se tenait devant sa boutique, il avala nerveusement sa salive et montra à Roumignot une corde de chanvre.

— Pourquoi est-ce faire a ton avis ? lui demanda Roumignot.

— Je crois, répondit Jokle lentement, parce que noué par l'angoisse, il ne parvenait pas à prononcer une parole, que tu vas bientôt prendre au bout d'une corde comme celle-là. Aujourd'hui on disait dans les journaux que l'armée est en marche, les fantassins d'un côté, les canons de l'autre et le roi au milieu.

— Mon Dieu ! s'écria Manka.

Roumignot réfléchit un instant.

— Le roi ne m'a pas pardonné ce qui s'est passé sur le terrain militaire. Nous devons nous préparer à sa visite.

Il se fit prêter par Jokle un rouleau de corde, de la corde souple.

— C'est tout ce dont tu as besoin contre toute l'armée du roi ? s'étonna Jokle.

— Oui, c'est tout.

Il passa la corde autour de son épaule, prit Manka par la main et ils continuèrent vers l'allée de tilleuls. Quand ils y furent, Roumignot installa Manka au sommet d'un tilleul ; lui, il s'assit à l'enfourchure à côté d'elle et posa précieusement le rouleau de corde sur ses genoux. Manka saisit une branche de fleurs et ils en respirèrent le parfum. Les abeilles bourdonnèrent. Tout à coup, Manka lâcha la branche et s'exclama :

— Je sens une odeur de fumée !

— C'est quelqu'un qui prépare le déjeuner, dit Roumignot et il se remit à humer le parfum.

Manka ne parvenait pas à se calmer.

— Roumignot, ça sent vraiment la fumée. Roumignot huma des trois côtés avec son flair de brigand.

— Jokle avait raison, les armées viennent de trois directions. De ce côté je sens l'odeur des canons, de l'autre, la poudre des fusils des fantassins, et au milieu, la sueur de la jument du roi.

— Qu'allons nous faire ? s'écria Manka très effrayée.

— On verra bien, répondit Roumignot.

Peu après, toute l'armée fut rassemblée près des tilleuls. Les fantassins, les canonniers, les grenadiers, les uhlans, les dragons, et Dieu sait quoi encore. Ils chargèrent les canons et les fusils et pointèrent en direction du tilleul. Manka sentit son cœur chavirer.

Le roi en personne vint sur sa jument juste au pied du tilleul. Il avait un chapska de général sur la tête et était assis sur une couverture tissée d'or.

Il était tellement furieux que les franges du tapis en tremblaient. Il cria en allemand :

— Roumignot, descend !

Roumignot fit la sourde oreille. Il se leva et, avec son habileté coutumière, attrapa une hirondelle au vol et lui chuchota :

— Tu dois savoir cela : quelle est la distance d'ici à Vienne ?

Puis il ouvrit la main, l'hirondelle s'envola et Roumignot lui adressa un signe d'adieu.

— Sapristi, grogna le roi très en colère, tu oses me faire attendre ?

— J'arrive, répondit Roumignot.

Très lentement il descendit du tilleul. Quand il fut juste au-dessus du roi, celui-ci et les soldats s'avancèrent pour le capturer. C'est alors que Roumignot d'un geste souple et rapide saisit le chapska du roi, puis la couverture tissée d'or sur laquelle était assis le roi. Il se hâta de regagner les branches supérieures où l'attendait Manka.

Comme c'était à prévoir, le roi se mit dans une fureur noire. Il sortit de sa poche un fifre en os et siffla pour appeler l'armée.

— Fantassins et carabiniers ! Canonniers et obusiers ! Bombardiers et grenadiers ! Préparez-vous à tirer ! Tous sur Roumignot !

Mais juste avant qu'ils se mettent à ouvrir le feu, Roumignot mit le chapska sur sa tête et couvrit Manka de la couverture tissée d'or. A une des extrémités de la corde de Jokle il fit un nœud coulant et la lança sur le sommet de la tour fortifiée de Yitchine. Quand la corde fut arrimée, Roumignot prit l'autre bout entre ses dents, Manka dans ses bras et de toute sa force de Roumignot, s'élança dans les airs.

En bas toute l'armée se mit au repos et regarda Roumignot passer au-dessus de leurs têtes et sur les toits pour disparaître en direction de Vienne.

Dans le palais royal, à Vienne, trois valets étaient en train de nettoyer le salon. Ils avaient ouvert les fenêtres pour aérer et dépoussiéraient les deux trônes ; le plus grand était pour le roi et le plus petit pour la reine. Tout à coup un des valets s'exclama :

— Je me demande comment s'est terminée la campagne contre Roumignot à Yitchine !

A ces mots il entendit quelqu'un qui entrait par la fenêtre et s'asseyait sur le trône royal. Il vit encore le chapska du roi et, sur le trône de la reine, la couverture tissée d'or. L'autre valet tomba à genoux en chuchotant respectueusement :

— Nous vous saluons, Votre Majesté, pouvons-nous nous permettre de vous féliciter pour votre victoire sur Roumignot ?

— Oui, répondit aimablement Roumignot sous le chapska du roi.

Manka sous ses brocarts ajouta :

— Oui, vous le pouvez.

— Hourra ! cria le troisième valet.

Il fit venir les musiciens et on joua l'hymme de la victoire. Roumignot écouta un moment, mais il y avait quelque chose qui le tracassait. Il fronça les sourcils et déclara :

— Assez !

Les valets se regardèrent. Il n'était encore jamais arrivé au roi d'arrêter la musique au meilleur moment. Soudain Roumignot ordonna à la façon du roi :

— Jouez une nouvelle chanson. C'est celle-ci : « A Yitchine sonnent les trompettes et résonnent les tambours. »

On commença à jouer sur-le-champ cet air dans la chapelle royale. Les valets se mirent au garde à vous. Quand on eut joué la dernière note, tous ôtèrent leurs chapeaux et les valets se tinrent aux ordres de Sa Majesté.

— Nous nous retirons dans notre chambre.

Roumignot prit Manka par la main et ils retournèrent chez eux, en Bohême, dans leur caverne, dans la forêt de Raholec.

TABLE DES MATIÈRES

DANS LA MÊME COLLECTION

René Antona
LA GRANDE COURSE

Cyrille Boulytchev
MISSION SUR LA PLANÈTE MORTE

Laurence Camiglieri
LES PAVÉS DE LA COLÈRE

Jacques Cassabois
L'ÉTÉ OÙ MON PÈRE A GRANDI

Jean-Philippe Chimot
TROIS CONTRE LES INVISIBLES

Michel Cosem
LES NEIGES REBELLES DE L'ARTIGOU

Antonieta Dias de Moraes
QUATRE SUR UNE ÎLE

Pierre Gamarra
DOUZE TONNES DE DIAMANT
LE CAPITAINE PRINTEMPS

Madeleine Gilard
LE CHEMIN SECRET DE LA BORIE VERTE

Michel Grimaud
LE JOUR DU GOMBO

Peter Hallard
PERDU EN LAPONIE
LE PETIT PHOQUE SOLITAIRE

Lois Lowry
LES IDÉES FOLLES D'ANASTASIA

Adrien Martel
FILS DU MEXIQUE

Jean-Luc Moreau
UN FAUTEUIL À DORMIR DEBOUT

Georges Nigremont
L'OISELIER DU PONT-AU-CHANGE

Lygia Bojunga Nunes
LA MAISON DE LA MARRAINE

Christian Poslaniec
UNE HISTOIRE INCROAYABLE

Gianni Rodari
HISTOIRES AU TÉLÉPHONE

Bertrand Solet
BASTIEN, GAMIN DE PARIS
CHASSEURS D'ESCLAVES

Colette Vivier
AUTO-STOP
LA MAISON DES PETITS BONHEURS

ACHEVÉ D'IMPRIMER EN MARS 1988
POUR LE COMPTE DES ÉDITIONS MESSIDOR/LA FARANDOLE
SUR LES PRESSES DE LA S.E.P.C.
A SAINT-AMAND-MONTROND (CHER)
DÉPÔT LÉGAL : MARS 1988
N° D'IMPRESSION : 426
IMPRIMÉ EN FRANCE
LOI N° 49.956 DU 16.07.1949
SUR LES PUBLICATIONS DESTINÉES A LA JEUNESSE

N° D'ÉDITION : 2536
ISBN 2-209-06002-8
ISSN 0763-1766
288010N1